Birgit Blessing

Mit Kindern unterwegs

Im Nordschwarzwald

Fleischhauer & Spohn Verlag

Titelbild: „Mühle am Rain“ in Ottenhöfen

Bildnachweis: S. 21, 23, 98, 148 Dieter Keilbach, Stuttgart, S. 31, 37, 162 Petra Schulz, Leinfelden-Echterdingen, S. 46 Verkehrsverein Gernsbach, S. 49 Stadtmarketing Baden-Baden, S. 104 Naturschutzzentrum Ruhestein, S. 111, 112 Gemeinde Baiersbronn, S. 132 Tourist-Info Alpirsbach, S. 135 Lossburg-Information, S. 160 Familie Krumm, Leinfelden-Echterdingen. Die restlichen Aufnahmen stammen von der Verfasserin.

Layout: Rainer Wittner, 67435 Neustadt

Karten: Walter Gebhard, 74821 Mosbach,
e-Mail: gestaltungsatelier.gebhard@t-online.de

4. Auflage 2004

Gesamtherstellung: Laub GmbH & Co., 74834 Elztal-Dallau

ISBN: 3-87230-587-5

Inhalt

Inhalt

Es ist mir ein besonderes Vergnügen, das Grußwort zu der hier vorliegenden Neuauflage zu schreiben. Stammt doch ein Teil meiner Familie aus dem Schwarzwald und es führten mich schon als Kind unzählige Wanderungen verbunden mit einmaligen Naturerlebnissen durch diese wunderbare Landschaft. Seit nunmehr zehn Jahren bringen mich die Dreharbeiten zu der SWR-Serie „Die Fallers“ aus der Großstadt wieder in den Schwarzwald und lassen mich ihn neu entdecken.

Ich bin vor neun Jahren, dann noch einmal vor sieben Jahren, Vater geworden, und natürlich haben die Kinder in so mancher Hinsicht meine Perspektive, durch das Leben zu gehen, positiv verändert. So ist es undenkbar geworden, durch den Wald zu spazieren, ohne kleinste Käfer, zarteste Blümchen (für ein Erwachsenenauge fast unsichtbar) zu entdecken, ein Bächlein zu stauen (das zweite Paar Socken nicht vergessen) oder Ameisen bei ihrem wirklich erstaunlichen Tagwerk zu beobachten (ganz viel Zeit mitbringen). Ich könnte stundenlang aufzählen, was es alles zu sehen gibt, und doch werden Eltern zuweilen, oft vor Wochenenden und Schulferien, von einer tiefen Ratlosigkeit gepackt, wenn es darum geht, sich mit ihren Kindern zu neuen Ufern aufzumachen. Hier wäre in doppelter Hinsicht das Sprichwort angebracht: „Manchmal sieht man vor lauter Bäumen den Wald nicht“. Kinder sind unersättlich Neues zu entdecken und zu erleben, und das ist wunderbar so. Auch ist es für Eltern, Großeltern, Onkeln und Tanten wunderbar, wenn sie einen Helfer zur Seite haben, der ihnen mit Rat und Tat zur Seite steht. Dieser hier, in seiner Bandbreite einmalige Nordschwarzwaldführer, ist noch viel mehr als das, er ist Ratgeber, Helfer, Retter, Anreger, Horizonterweiterer und und und. Frau Blessing und dem Fleischhauer & Spohn Verlag ist es gelungen, einen sehr ausgewogenen und vielseitigen Reiseführer zu präsentieren, der weder Groß noch Klein enttäuschen wird. Dass die Autorin nicht nur am Schreibtisch recherchierte, sondern jede Wanderung, jede Sehenswürdigkeit erlebt hat, gibt dem Buch eine besondere und nachvollziehbare Authentizität. Es ist hier wirklich gelungen, Ihnen einen Reiseführer in einer einmaligen Form, für eine einmalige Landschaft in die Hand zu geben, den Sie zu allen Jahreszeiten befragen können, und der Sie nicht enttäuschen wird.

Ich wünsche Ihnen viel Freude beim entdecken des Nordschwarzwaldes.

Karsten Dörr

Grußworte

Herzlich willkommen im Schwarzwald – wir sind eine familienfreundliche und damit kinderfreundliche Ferienregion. Im gesamten Schwarzwald freuen sich 15 ‚ausgezeichnete' familienfreundliche Orte, Sie als Gäste mit Ihrer Familie zu begrüßen – aber auch in allen anderen Orten und Unterkünften sind Familien gern gesehene Gäste. Ein Familienurlaub ist nur dann gelungen, wenn alle, Groß und vor allem Klein, auf ihre Kosten kommen. Kinder sind heute wichtige Urlaubsentscheider, wo es den Kleinen gefällt, fühlen sich auch Eltern und Großeltern zufrieden. Was kann man nicht alles im Schwarzwald unternehmen? Draußen in der Natur herumtollen, Bäche aufstauen, Grillfeuer anzünden, Burgen besteigen, mit Dampfzügen fahren, in Zoos und Tierparks Tiere streicheln, kindgerechte Lehrpfade erleben – im Schwarzwald findet man die richtige Mischung aus Kreativität und Naturgenuss. Und sollte das Wetter einmal nicht so gelungen sein, dann kann man sich in spannenden Museen vergnügen, in Höhlen krabbeln, in Spaßbädern plantschen...

Mit dem sehr informativen und anschaulich von Birgit Blessing geschriebenen Buch kommt bei einem Urlaub im nördlichen Schwarzwald garantiert keine Langeweile auf.

Ihnen und Ihrer gesamten Familie wünschen wir viel Zeit miteinander und damit einen tollen Urlaub bei uns im Schwarzwald!

Christopher Krull
Geschäftsführer der Schwarzwald Tourismus GmbH

Besuchen Sie unsere Homepage www.schwarzwald-tourist-info.de mit aktuellen thematisch geordneten Presse- und Medieninfos!

Neue Info- und Prospekthotline Schwarzwald:
Telefon 0 18 05/66 12 24 (12 Cent/Min.)
Fax 0 18 05/66 12 25
prospektservice@schwarzwald-tourist-info.de

Dies ist die vierte Auflage des Nordschwarzwald-Bandes. Das freut mich sehr, weil es zeigt, dass die Idee angekommen ist. Zugleich ist das für mich ein willkommener Anlass, nicht nur alles auf den neuesten Stand zu bringen, sondern vor allem auch viele neue Ziele, Museen und Erlebnispfade mit einzubringen.

Grundgedanke des Bandes ist es, Ideen und Tipps zu geben, für viele reizvolle und erlebnisreiche Ausflüge mit und in der Familie in die Natur- und Kulturlandschaft des nördlichen und den Nordteil des mittleren Schwarzwalds, einem Naherholungsgebiet, das sowohl von Stuttgart als auch von Karlsruhe aus auch mit der Bahn gut zu erreichen ist. Im Übrigen wurden für diese Auflage natürlich alle Angaben und Telefonnummern überprüft, durch die Angabe von Internet- und soweit vorhanden e-Mail-Adressen ergänzt und die Wanderungen (neu) abgegangen. Dennoch sollte man immer eine der am Ende jedes Ausflugs angegebenen Karten dabei haben: die Wanderkarten des Schwarzwaldvereins, die vom Landesvermessungsamt Baden-Württemberg auf der Grundlage der Topographischen Karte 1 : 50 000 (abgekürzt: TOP) erstellt wurden und die in jeder Buchhandlung zu kaufen sind.

Nicht alle Ausflugsziele und Wanderwege bleiben so, wie man sie beim Abwandern antrifft. Für Hinweise auf Änderungen jedweder Art bedankt sich die Autorin im Hinblick auf eine weitere Auflage schon heute vorab und wünscht Ihnen, liebe Familie, viel Spaß und viele erlebnisreiche Ausflüge!

Ihre

Birgit Blessing

Der Schwarzwald – was man als Familie hier erleben kann

In 34 Kapiteln (davon 32 Ausflugs- plus 2 Grundlagenkapitel) werden Vorschläge für erlebnisreiche Ausflüge gemacht, die zu jeder Jahreszeit zu landschaftlich schönen und interessanten Zielen des nördlichen und den Norden des mittleren Schwarzwaldes führen (die südliche Hälfte des mittleren Schwarzwald ist im Band „Mit Kindern unterwegs: Im Südschwarzwald" berücksichtigt). Sie beinhalten meist eine kürzere oder längere, in jedem Fall aber abwechslungsreiche Wanderung, die selbst kleinere Kinder ohne große Anstrengung bewältigen können. Darüber hinaus werden zu jedem Ziel mehrere Zusatzangebote aufgelistet: Wildgehege und Streichelzoo, Bademöglichkeiten in Freibädern und an Seen, für Kinder geeignete und interessante Museen oder Fahrten mit (historischen) Zügen, um nur einiges zu nennen. Eltern und Kinder können sich aus verschiedenen Vorschlägen ihren ganz individuellen Ausflugstag zusammenstellen.

Malerisch gelegen: Ottenhöfen

Der Schwarzwald ist eine der beliebtesten Urlaubslandschaften in Deutschland. Seine landschaftliche Vielfalt und sein breites Spektrum an Freizeitmöglichkeiten aller Art machen ihn für jeden und jedes Alter so attraktiv. Reizvoll ist der Frühling, wenn der Winter eben erst den Weg frei macht für Blumen und Blüten und in den Wildparks allerlei Tierkinder zu sehen sind, schön ist aber auch der Sommer, wenn Bäche und Seen zum Baden oder Plantschen verlocken, und der Herbst bietet sich per se zum Wandern und Ausflüge machen an. Nicht vergessen sollte man aber auch den Winter mit all seinen Möglichkeiten, sich im Freien sportlich aktiv zu zeigen, und die Vorweihnachtszeit, wenn zahlreiche Weihnachtsmärkte romantische Stimmung verbreiten.

Immer schön ist eine Fahrt mit einem Dampfzug (s. Kapitel 30), etliche Ausflugsziele lassen sich ein paar Mal im Jahr ebenfalls damit erreichen. Für die Bahnreise zu vielen Zielpunkten bietet sich unter der Woche das „Baden-Württemberg-Ticket" an, bei dem (Stand Januar 2004) fünf Personen günstiger reisen, oder am Wochenende das Ticket „Schönes Wochenende", bei dem (ebenfalls Stand Januar 2004) bis zu fünf Personen gleichfalls verbilligt im Land unterwegs sein können. Neuer ist das „Regio X-Ticket", das den ganzen KVV-Bereich Freudenstadt preisgünstig erschließt.

Der Karlsruher Verkehrsverbund (KVV) bindet per S-Bahn von Karlsruhe aus unter anderem das Mugtal, aber auch Bad Wildbad und Freudenstadt an. Auskünfte sind über das Service-Telefon 07 21/61 07-58 85 oder das Internet (www.kvv.de) erhältlich. Für alle Ausflüge mit öffentlichen Verkehrsmitteln lohnt es sich, Auskünfte auch bei den übrigen Verkehrsverbünden der Ferienregion einzuholen:

Für den Landkreis Calw beim Tarifverbund der Verkehrsgesellschaft Bäderkreis Calw (VGC): Telefon (Calw) 0 70 51/96 88 50 oder (Nagold) 0 74 52/83 96 38, www.vgc-online.de;

für den Landkreis Freudenstadt bei der Verkehrsgemeinschaft Landkreis Freudenstadt (vgf): Telefon 0 74 43/2 47-3 40 (werktags 8.00 bis 17.00 Uhr), www.vgf-info.de;

für den Landkreis Pforzheim/Enzkreis beim Verkehrsverbund Pforzheim-Enzkreis GmbH (VPE): Telefon 0 72 31/39 22 88, www.vpe.de.

Sparen können Familien auch mit der „SchwarzwaldCard". Sie bietet an drei frei wählbaren Tagen innerhalb einer Saison freien Eintritt oder freie Fahrt bei über hundert Attraktionen. Als Familie kann man gegenüber den Einzelkarten noch einmal deutlich sparen, wenn man die „FamilienKarte" (der SchwarzwaldCard) wählt, die für 2 Erwachsene und bis zu 3 Kinder und Jugendliche bis 17 Jahre gilt.

Sie ist erhältlich in den örtlichen Tourist-Informationen, den teilnehmenden Partnern oder der Schwarzwald-Tourismus GmbH (s. u.). Informationen zur Karte und den beteiligten Unternehmen im Einzelnen finden sich auch im Internet unter www.schwarzwald-card.info.

Und wenn Sie im Schwarzwald einmal gleich ein paar Tage oder Ihre Ferien verbringen wollen, gibt es zur An- und Abreise in die Ferienregion das „Schwarzwaldticket". Bei der Buchung der Unterkunft helfen dann die im Info-Teil aufgeführten Internet- oder e-Mail-Adressen der Gemeinden. Gebietsübergreifende Infos zu Pauschalen, Aktivitäten und Angebote der einzelnen Orte erhalten Sie außerdem über:

Touristik Nördlicher Schwarzwald
Postfach 10 06 66,
75106 Pforzheim
Telefon 0 72 31/1 47 38-0, Fax /1 47 38-20
e-Mail: touristik@noerdlicher-schwarzwald.de
Internet: www.noerdlicher-schwarzwald.de

Schwarzwald Tourismus GmbH (Mittlerer Schwarzwald)
Geschäftsstelle Offenburg
Gerberstraße 8
77652 Offenburg
Telefon 07 81/9 23 77 77, Fax /92 37 70
e-Mail: mail@touristikschwarzwald-tourismus.com
Internet: www.schwarzwald-tourismus.com

oder auch über die übergreifende Internetseite:
www.Schwarzwald-tourist-info.de

Ausflüge in den Schwarzwald sind ideal für Familien: Der Wald mit seinen Tümpeln und Bächen verlockt zum Klettern, Plantschen und Spielen. Das sollte man einkalkulieren und mit trockenen Ersatzstrümpfen und -schuhen vorsorgen.

Kinder wollen nicht stur und stundenlang auf einen (unsichtbaren) Zielpunkt zuwandern. Sie brauchen Abwechslung, wenn möglich mehrere Ziele, von denen eines nach dem anderen „erobert" wird. Dem wird in den nachfolgend beschriebenen Wanderungen und den ausgewählten Erlebnispfaden Rechnung getragen. Gutes, festes Schuhwerk sollte für Kinder und Erwachsene bei den allermeisten Unternehmungen dabei selbstverständlich sein.

Die Zeit auf den einzelnen Etappen lässt sich auf verschiedene Weise nutzen. Gemeinsam kann man versuchen herauszufinden, was

„Stock und Hut steh'n uns gut…"

da am Wegesrand wächst, blüht, kriecht oder krabbelt. Dafür gibt es zahlreiche handliche Führer, zum Teil eigens für Kinder geschrieben. Warum nicht auch einmal einen solchen Naturführer mit auf den Ausflug nehmen?

Noch besser können Familien den Geheimnissen des Waldes in der **„Waldschule"** nachgehen: von Juni bis September gibt es für Groß und Klein jede Menge interessante Veranstaltungen rund um das Thema „Wald". Die Waldschule findet im Sommer täglich, außer freitags und samstags, statt. Ausführliche Informationen erteilen die Tourist-Informationen der teilnehmenden Gemeinden (Alpirsbach, Bad Rippoldsau-Schapbach, Baiersbronn, Dornstetten, Freudenstadt, Glatten, Horb, Lossburg, Pfalzgrafenweiler, Seewald, Waldachtal) oder sind im Internet unter www.landkreis-freudenstadt.de unter dem Stichwort „Tourismus" nachzulesen.

Eine andere gute Sache ist das Projekt „Landerleben". Neben der Landschaft steht hier die Landwirtschaft im Mittelpunkt des Interesses. Alt und Jung, Feriengäste und Tagesausflügler können so den Schwarzwald einmal ganz anders erleben. Eines der vielen verschiedenen Themen dieses Projekts ist das „Kuh-le Bauernhofdiplom" (s. Kapitel 29 „Ja, so warn's die alten Rittersleut'"). Geführt werden diese Ausflüge übrigens von speziell ausgebildeten „Schwarzwald-Guides". Wer mehr darüber wissen will, kann sich in allen Tourist-Informationen des Landkreises Freudenstadt erkundigen, beim Landratsamt Freudenstadt, Telefon 0 74 41/9 20-5 36 oder im Internet unter www.landerleben.de.

Um viele Orte des Schwarzwaldes ranken sich Geschichten, die soweit es um angeführte Orte handelt, zumindest kurz angerissen werden. Die ausführlichen Geschichten dazu lassen sich dann mit wenig Aufwand ausfindig machen, Kinder sind hierfür immer interessierte Zuhörer. In besonderem Maße gilt dies für Sagen und Märchen. Ein Märchen, das man unbedingt einmal im Schwarzwald erzählen muss, ist „Das kalte Herz" von Wilhelm Hauff (s. Kapitel 7). Darüber hinaus gibt es zahlreiche Märchen, die im Wald spielen und mit einigem Vorrecht hier erzählt werden können. Nur wenige seien hier genannt: „Hänsel und Gretel", „Rotkäppchen" oder „Von einem der auszog, das Fürchten zu lernen". Solche Geschichten, die nett zu lesen und schön zu erzählen sind, können außerdem Mut machen, unterwegs gemeinsam selbst solche oder ähnliche Märchen zu erfinden. Anknüpfungspunkte gibt es überall genug.

Die Anfahrtsstrecken zu den beschriebenen Ausflügen können, auch wenn sie objektiv gesehen nicht allzu lange sind, Kindern endlos erscheinen. Dem kann man unterwegs mit Scherzfragen, Abzählversen, Zungenbrechern oder Ratespielen begegnen. Noch besser sind Spiele, die zum aufmerksamen Betrachten des Draußen verlocken. Auf Autobahnen kann es darum gehen, wer die meisten roten, gelben oder grünen Autos zählt (jeder auf einer Seite der Fahrbahn) oder welche Nummernschilder sie haben, auf Landstraßen darum, wer die erste Kirchturmspitze oder die meisten Radfahrer sieht.

Kinder essen gerne unterwegs und haben oft Durst. Das wissen Eltern selbst am besten und sorgen vor. Damit der Ausflug auch in

Grillpause am Wegesrand

dieser Hinsicht alle zufrieden sein lässt, werden in fast allen Kapiteln Möglichkeiten aufgeführt, wo man sich an Feuerstellen selbst verpflegen, an Kiosken versorgen, wo man direkt entlang des Wegs oder am Ziel einkehren kann. Dabei sei betont, dass es nicht Sinn und Aufgabe dieses Bandes ist, Gasthöfe oder Restaurants hinsichtlich kulinarischem Wert oder Kinderfreundlichkeit zu bewerten oder alle Möglichkeiten am Ort zu nennen. Dennoch wird Familien der Restaurantbesuch mit Kindern in Baden-Württemberg inzwischen leichter gemacht: Inzwischen haben sich 110 Gaststätten im Land als kinder- und familienfreundlich qualifiziert. Aktuelle Informationen darüber sind im Internet unter www.familien-restaurant... nachzulesen. Eines dieser Familienrestaurants, der Kleinenzhof bei Bad Wildbad, wird im Text erwähnt (s. Kapitel 9 „MTB-Spaß auf dem Sommerberg"). Der Vollständigkeit halber und als Hilfe für Familien unterwegs sei im Folgenden (in alphabetischer Reihenfolge) auf diejenigen verwiesen, die bei Ausflugszielen zu finden sind, die in diesem Buch berücksichtigt sind:

- Baden-Baden: Weinstube und Weingut Eckberg, Eckhöfe 12, Telefon 0 72 21/7 15 30, www.weinguteckberg.de;
- Bad Rippoldsau-Schapbach: Restaurant-Café „Zum Schlüssel", Wolftalstraße 33, Telefon 0 74 40/2 17;
- Bad Teinach-Zavelstein: Kutscherkeller im Farrenhof, Hauptstraße 13, Ortsteil Schmieh, Telefon 0 70 53/9 10 63, www.farrenhof-schaefer.de;
- Bühl: Kohlers Hotel und Speiselokal „Engel", Vimbucher Straße 25, Telefon 0 72 23/9 39 90, www.kohlers-hotel-vimbuch.de;
- Enzklösterle: Gasthof „Poppelmühle", Mühleweg 11, Telefon 0 70 85/78 70, www.poppelmuehle.de;
- Unterreichenbach: Hotel „Jägerhof", Kapfenhardter Tal, Telefon 0 72 35/9 70 40, www.kapfenhardt.de;

Anliegen des Bandes ist es, möglichst gute Voraussetzungen für einen gelungenen Ausflug in den Schwarzwald zu schaffen, egal zu welcher Jahreszeit, auf interessante Zielpunkte hinzuweisen mit attraktiven Museen und Sehenswürdigkeiten, die kombiniert sind mit überschaubaren Wanderungen. 32 Kapitel sollen deshalb Sie, liebe Familie, nun in den Schwarzwald locken, an bekanntere und weniger bekannte Stellen. Jedes Kapitel ist in sich geschlossen und bietet Wissenswertes, ohne sich in allzu viele Details zu verlieren. Als quasi „roten Faden durch das Buch", gibt die Einleitung „Wilder Wald im Wandel – was macht den Schwarzwald aus?" zudem eine kurz gefasste Landeskunde. So fügen sich die einzelnen Ausflüge am Ende wie bei einem Puzzle zusammen und wecken Liebe und Verständnis für ein schönes und schützenswertes Stück Heimat. Wenn Sie sich richtig anziehen (das Wetter kann im Schwarzwald anders sein als daheim), dieses Buch und eine der angegebenen Karten einstecken sowie gute Laune mitnehmen, dann kann eigentlich (fast) nichts mehr schief gehen!

Wilder Wald im Wandel – Was macht den Schwarzwald aus?

Was ist wann und wo im Schwarzwald passiert; wie hängen besuchte Orte, natürliche oder kulturelle Sehenswürdigkeiten mit der Entstehung des Schwarzwaldes, seiner Landschaft und seinem heutigen Aussehen zusammen? Für all diejenigen, die Antworten auf diese Fragen suchen, ist die Verknüpfung der einzelnen Kapitel mit der Entwicklungsgeschichte dieses Landschaftsraumes gedacht.

Als höchstes Mittelgebirge Süddeutschlands erstreckt sich der Schwarzwald auf etwa 160 Kilometer Länge zwischen dem Hochrhein im Süden und dem Kraichgau im Norden. Im Süden ist er etwa 60 Kilometer, im Norden etwa 20 Kilometer breit.

Nach Süden und Westen steil abfallend, geht der Gebirgsblock Schwarzwald nach Osten sachte in das so genannte „Schwäbische Schichtstufenland" über, wobei Letzteres als Sammelbegriff für das Neckarland, die Schwäbische Alb und Oberschwaben gilt.

Vor rund 60 Millionen Jahren (in einer Zeit, die das Tertiär genannt wird) bildete der Schwarzwald zusammen mit den benachbarten Vogesen eine Einheit, die durch ungeheure Kräfte aus dem Innern der Erde immer weiter hochgewölbt wurde, bis die Spannungen so groß waren, dass der Oberrheingraben einbrach. Neben der großen Längsspalte, die dabei entstand und in etwa dem heutigen Oberrheingraben entspricht, bildeten sich zusätzlich quer laufende Brüche, die zu Leitlinien für die charakteristischen „Quertäler" des Schwarzwalds wurden.

Weil andererseits aber gerade das am stärksten der Abtragung unterliegt, was am höchsten herausragt, findet man die ältesten Gesteine, Granit und Gneis, hauptsächlich im Feldberggebiet des Südschwarzwalds; im Norden dagegen überwiegen die Schichten des Buntsandsteins. Trotzdem treten auch dort Granit und Gneis vereinzelt zu Tage, so z. B. im Murgtal.

Die Gesteinsarten „Granit", „Gneis" und „Buntsandstein" kann übrigens jeder ohne Schwierigkeiten erkennen und unterwegs finden: Der Granit wurde als ältestes Gestein in der Tiefe des Erdinnern gebildet. Seine Bestandteile Quarz, Glimmer, Feldspat ergeben ein unstrukturiertes, wie getüpfelt wirkendes Bild. Aus Granit ist der Gneis entstanden, den man an einer mehr oder weniger deutlichen Längsausrichtung derselben Bestandteile, „Schieferung" genannt, erkennt. Sandstein ist ein vor allem aus Quarzablagerungen bestehendes Gestein, das je nach seinen zusätzlichen Bestandteilen verschiedene Farben aufweist. Im Schwarzwald kommt der „rote" Buntsandstein am Häufigsten vor; diesen findet man oft als Mauerstein zum Beispiel an Kirchen. Doch dies nur nebenbei. Die Entstehungsgeschichte des Schwarzwalds ist noch nicht zu Ende.

Vor ungefähr 600 000 Jahren änderte sich das Klima, es wurde sehr kalt. In der letzten Phase dieser Eiszeit (dem Pleistozän) bildeten die höchsten Erhebungen des Schwarzwalds die ersten Ansatzpunkte für die folgende, weiträumige Vergletscherung. Ihre letzten Spuren kann man auf einigen der später beschriebenen Wanderungen mit eigenen Augen sehen: an den Karseen, zu denen unter anderem der „Mummelsee" (s. Kapitel 18) oder der „Herrenwieser See" (s. Kapitel 31) gehören. Auch die Entstehung der Hochmoore, so bei Kaltenbronn (s. Kapitel 8), reicht in diese Zeit zurück.

Nachgebauter Kohlenweiler in Tonbach

Das Klima bestimmt überhaupt ganz wesentlich, wie Landschaftsräume heute aussehen. Im Schwarzwald herrschen relativ ausgeglichene Verhältnisse. Die Sommer sind nicht heiß, die Winter verhältnismäßig mild. Rauer geht es nur auf den herausragenden Berggipfeln zu, weshalb man Bergwanderungen, z. B. zur „Hornisgrinde" (s. Kapitel 18) oder zum „Seekopf" (s. Kapitel 19), lieber im Sommer oder Herbst unternehmen sollte. Ursache hierfür sind Nord- bzw. Nordwestwinde. Die Wolken, die sie vom Atlantik her mitbringen, werden am Schwarzwaldrand empor gedrückt. Beim Aufsteigen kühlen sie ab, die darin enthaltene Feuchtigkeit kondensiert und fällt je nach Jahreszeit als Regen oder Schnee, und zwar bis zu 2 000 mm/Jahr (zum Vergleich: in Stuttgart sind es 600 bis 700 mm/Jahr). Diesen hohen Niederschlägen verdankt der Schwarzwald zu einem guten Teil seinen Gewässerreichtum. So erklärt es sich auch, weshalb viele der nachfolgend beschriebenen Wanderungen in Tälern an Bächen entlang zu Quellen oder zu Seen führen. Früher wurde Wasser häufig auch wirtschaftlich genutzt, z. B. zum Antreiben von Mühlrädern (s. Kapitel 16, 17), oder für die Flößerei (s. Kapitel 23). Heute sorgen Talsperren für die Trinkwasserversorgung („Talsperre Kleine Kinzig", s. Kapitel 26), die Energiegewinnung („Schwarzenbachtalsperre", s. Kapitel 31) oder die Gewässerregulierung („Nagoldtalsperre", s. Kapitel 31).

Weniger durch seine Höhenlage und sein Klima bedingt, als wegen der Undurchdringlichkeit seiner Wälder, wurde der Schwarzwald erst sehr spät besiedelt. Es war ein wilder Wald, der selbst den Römern nicht ganz geheuer war. Der Römer Tacitus nannte ihn in einer der wenigen überlieferten Quellen um 100 n. Chr. einen „förchtig wilden Wald, unheimlich und widerwärtig", „niemand würde freiwillig in ein solches Land ziehen"... Die historische Wahrheit aber sieht anders aus: Zum einen lebten durchaus bereits in diesem und von diesem Wald Menschen, und es waren die Römer, die als erste die Mineral- und Thermalquellen zu nutzen wussten. Dennoch dienten die Täler (vor allem das Kinzigtal) und Pässe (insbesondere der Kniebis) noch lange ausschließlich als Verkehrs- und Transportwege. Selbst die Verteidigungslinien auf dem Kniebis wurden erst sehr viel später, erstmals zur Zeit des Dreißigjährigen Krieges, angelegt.

Die Alemannen waren die ersten, die Rodungen auf den Hochflächen vornahmen. Planmäßig erschlossen wurden diese jedoch erst durch die gemeinsame Initiative von weltlichen und geistlichen Grundherren ab dem 10./11. Jahrhundert. Vor allem die neu gegründeten Abteien und Klöster wie Hirsau (s. Kapitel 4), Alpirsbach (s. Kapitel 25) oder Herrenalb (s. Kapitel 5) setzten die Urbarmachung weiter abgelegener Gebiete fort. Dabei musste der Wald gerodet werden, um Platz für Höfe und Felder zu schaffen. Dies erklärt, weshalb man meist nur Einzelhöfe oder kleine Weiler, d. h. kleine Gruppen von Höfen in solchen „Rodungsinseln" anlegte. Lediglich in geschützten Lagen oder an Talhängen entstanden lang gestreckte, größere Dörfer, die so genannten „Waldhufendörfer", wie in Beinberg, das heute ein Ortsteil von Bad Liebenzell ist, oder in Hornberg, das heute zu Altensteig gehört.

Ab dem 11. Jahrhundert kam es darüber hinaus zur Gründung zahlreicher Städte und Burgen (s. Kapitel 15 und 24). In manchen Teilen des Schwarzwaldes wurde die Besiedelung durch die Entdeckung von Erzvorkommen und deren bergmännische Nutzung gefördert (s. Kapitel 3). Später trug der württembergische Hof zur Erschließung des Schwarzwaldes bei, indem er Badefahrten nach Wildbad (s. Kapitel 9), Bad Liebenzell (s. Kapitel 4) oder Bad Teinach (s. Kapitel 10) unternahm und Hofjagden veranstaltete.

Heute kann jeder die vielen Thermal- und Mineralquellen des Schwarzwaldes zur Kur und zum Baden besuchen und auf unblutige Pirsch in zahlreiche Wildgehege gehen.

Weil Viehzucht und Ackerbau nie eine ausreichende Existenzgrundlage boten, waren die meisten Bauern auf Zuerwerb angewiesen. Die Schreinerei und die Holzschnitzerei, ursprünglich in den Wintermonaten für den Eigenbedarf betrieben, brachten neue Erwerbsquellen. Möbel, Masken, Uhren, aber auch Leitungsrohre (s. Kapitel 26) und Schindeln für Dächer und Außenwände wurden im Schwarzwald hergestellt und im In- und Ausland verkauft. Auch heute noch haben die Bauern meist mehrere „Standbeine". Eines davon ist inzwischen häufig der Tourismus geworden.

Das Wiedendrehen war harte Arbeit

Erst als sich das Waldgewerbe und die Glashütten (s. Kapitel 25) weiter ausbreiteten, als die Ausbeutung des Waldes durch die „Murgschifferschaft" (s. Kapitel 7) und die Flößerei (s. Kapitel 23) immer weiter vorangetrieben wurde, nahmen die Waldverwüstungen durch maßlosen Holzeinschlag drastisch zu. Als sie im 19. Jahrhundert ihren Höhepunkt erreichten, wurde der Abholzung mit planmäßigem Forsten und der Umwandlung des ursprünglichen Mischwaldes auf schneller wachsende Nadelbäume begegnet. Den (fast) reinen Nadelwald, der für uns heute gleichbedeutend mit „Schwarzwald" ist, gibt es also erst seit etwas mehr als hundert Jahren.

Heute ist der Wald wieder stark gefährdet: durch Übernutzung als Erholungsraum, aber auch durch die Luftverschmutzung, die das Waldsterben immer weiter um sich greifen lässt. Und auch wenn der Wald auf den ersten Blick gesund, kräftig, grün und intakt zu sein scheint, gibt es Stellen, wo das Waldsterben schon erschreckend sichtbar ist. Betroffen sind hauptsächlich Nadelbäume in den niederschlagsärmeren Gebieten der Mittelgebirge, im nördlichen Schwarzwald ist das besonders die Gegend um die „Schwarzwaldhochstraße".

Schäden können aber auch von anderer Seite plötzlich auftreten. So hat der Orkan „Lothar" (s. Kapitel 20) am zweiten Weihnachtsfeiertag 1999 in nur einem guten halben Tag die Bäume auf rund zehn Prozent der Schwarzwaldfläche umgerissen und vernichtet. Da der Sturm aus Südwesten kam, wurden vor allem im mittleren und nördlichen Schwarzwald großflächig Bestände zerstört. Jedoch schon am Tag danach begannen Aufräumarbeiten in großem Stil.

Doch trotz der teils großen Waldverluste gibt es die alte Schönheit des Waldes noch fast überall. Jeder, der sich darin aufhält, sollte sie genießen, aber auch, vielleicht sogar noch mehr und intensiver zu ihrem Schutz beitragen. Einen kleinen persönlichen Beitrag kann man schon damit leisten, Reste unterwegs gegessener Speisen oder Süßigkeiten nirgendwo, auch nicht unter Felsen versteckt, zu hinterlassen. Vielleicht gehört sogar dazu, den eigenen Pkw einmal mehr zu Hause zu lassen und den Schwarzwald mit öffentlichen Verkehrsmitteln (s. o. und Kapitel 30) anzufahren. Aber auch im Großen tut sich etwas:

Zur Erhaltung seiner Naturschönheiten für die Menschen, die in ihm leben, aber auch für Erholungssucher und Ausflügler wurde im Jahr 2000 von den Gemeinden der Region der **Naturpark Schwarzwald Mitte/Nord e. V.** gegründet. Er umfasst den Nördlichen Schwarzwald und den nördlichen Teil des Mittleren Schwarzwaldes und ist mit 370 000 Hektar der größte Naturpark Deutschlands.

Um den Naturpark als solchen in all seinen Spektren darzustellen, wurden im Randbereich des „Parks", an den touristischen Eingangspforten oder an touristischen Hauptachsen oder Zentren insgesamt elf so genannte „Portalgemeinden" ausgewiesen. Sie alle repräsentieren nicht nur den Naturpark, sondern haben zudem eigene regionale oder lokale Besonderheiten und Stärken. Als „Naturpark-Initiativgemeinden" wurden und werden andererseits Gemeinden ausgezeichnet, die beispielhaft spezielle Ideen und Projekte einbringen: 2003 u. a. die Gemeinden Alpirsbach (s. Kapitel 25 „Beten und Büffeln") für den Schwarzwälder Wasserpfad sowie Lossburg (s. Kapitel 26 „Zur Fee ins Zauberland") für das „Zauberland an der Kinzig".

Informationen zu allen anderen Portal- und Initiativgemeinden und zum Naturpark selbst, sind im Internet unter www.naturpark-schwarzwald.de zu finden. Am besten aber lernt man ihn – oder um beim Gewohnten zu bleiben – den Schwarzwald, seine vielfältigen Landschaften und seine Menschen ganz einfach selbst kennen. Das vorliegende Buch will dazu gerne seinen Teil beitragen.

Unterwegs zu neuen Entdeckungen

Pforzheim: ein Wildpark und viele Museen

Pforzheim liegt, wie alle größeren Städte, am Rand des Schwarzwalds, und zwar an seinem Nordostrand, dort, wo Enz, Nagold und Würm zusammenfließen. Schon im Namen (lat. „portus" = Pforte) klingt an, was das Stadtmarketing herausstreicht: Pforzheim ist das „Tor" zum Schwarzwald und Ausgangspunkt dreier Weit-Wanderwege sowie der „Schwarzwald-Bäderstraße". Ihren anderen Beinamen „Goldstadt" verdankt die Stadt Pforzheim dem Umstand, dass sie zum Zentrum der deutschen Schmuck- und Uhrenindustrie geworden ist. Sehenswert ist deshalb das **Schmuckmuseum**, das tausende

Los, gib schon her!

Schmuckstücke ausstellt. An jedem zweiten Mittwoch eines Monats gibt es kostenlose Führungen für Kinder und Jugendliche: Kaum zu glauben, wie spannend eine solche „Wanderung" durch die Geschichte des Schmucks sein kann: Ein Mistkäfer als Motiv für ein Schmuckstück? Von Edelleuten, die Reichtum vortäuschten, indem sie Strass-Schmuck anfertigen ließen und vielem anderen mehr erfährt man dabei. Am besten, man kombiniert den Besuch im Schmuckmuseum mit dem im **Technischen Museum der Pforzheimer Schmuck- und Uhrenindustrie**. Letzteres befindet sich nämlich in einer historischen Goldschmiedefabrik, in der an alten, funktionsfähigen Maschinen die Herstellung von Schmuck und Uhren demonstriert wird.

Kinder lieben Tiere und selbst Familien, die bei sich zu Hause in der Stadt einen Zoo oder botanischen Garten haben, nutzen gerne einmal die Gelegenheit, einen Ausflug mit der Familie in einen anderen Tierpark zu machen. Und da sind sie in Pforzheim gleich doppelt richtig:

Im 16 Hektar großen **Wildpark** Pforzheim sind nicht weniger als 80 verschiedene Tierarten zu sehen und zu beobachten. Der Sender SWR 3 hat für seine Hörer den „Schwarzwald-Elch" als Maskottchen erfunden, hier sieht man den „echten". Zudem gibt es etliche Arten Rehe, Hirsche, Wildschweine, Wildkatzen und auch die Pferde mit dem nur schwer auszusprechenden Namen „Przewalski", die noch heute so aussehen wie auf den Höhlenmalereien der Steinzeitmenschen. Es ist also viel zu sehen und zu erleben in dem schönen und sogar frei zugänglichen Park, in dem auch Hunde an der Leine willkommen sind. Zwei tolle Spielplätze gibt es, einen BarfussPark, einen Streichelzoo und die Möglichkeit, viele Tiere auch zu füttern. Beliebt sind auch die speziellen Angebote für Kinder: „Mit dem Wildparkförster unterwegs" und „Mit dem Tierpfleger auf Futterrunde". Das sind beides halbtägige Veranstaltungen, die jeweils mittwochvormittags im Juli, August und September stattfinden (Kosten: EUR 5,00/Kind).

Den Hunger hinterher kann man in der Gaststätte mit Kiosk stillen.

Gleich hinter dem Zoo rangiert – sicher nicht nur für Familien – der **Enzauenpark**. Das ehemalige Gartenschaugelände ist mit seinen Spielplätzen, seinem Biergarten und den übers Jahr verteilten unzähligen Veranstaltungen ein stets beliebter Treffpunkt.

Bio-Unterricht vor Ort

i

Wie kommt man nach Pforzheim?
Per Bahn: Pforzheim ist im Stundentakt mit den IC-Knotenpunkten Karlsruhe und Stuttgart verbunden.

Per Pkw: Über die A 8, Ausfahrt Pforzheim Ost (Nr. 45) oder West (Nr. 43).

Schmuckmuseum
Jahnstraße 42, 75173 Pforzheim

Geöffnet:	dienstags bis sonntags	10.00 – 17.00 Uhr
	an Feiertagen Sonderregelungen	
Kinderführungen:	mittwochs (2./Monat)	16.00 – 16.45 Uhr
Eintritt:	frei	
Infos:	Telefon 0 72 31/39-21 26, Fax /39-14 41;	
e-Mail:	schmuckmuseum@stadt-pforzheim.de	
Internet:	www.schmuckmuseum-pforzheim.de	
weitere Infos:	Pforzheim Kongress- und Marketing GmbH, Tourist-Information, Marktplatz 1, 75175 Pforzheim, Telefon 0 72 31/1 45 45-60, Fax /1 45 45-70;	
e-Mail:	pforzheim-marketing@pkm.de	
Internet:	www.stadt-pforzheim.de	

Technisches Museum der Pforzheimer Schmuck- und Uhrenindustrie
Kollmar-Jourdan-Haus, Bleichstraße 81, 75173 Pforzheim

Geöffnet:	mittwochs	9.00 – 12.00 Uhr
	und	15.00 – 18.00 Uhr
	sonntags (2. und 4./Monat)	10.00 – 17.00 Uhr
Eintritt:	frei	

i

Wildpark Pforzheim

Tiefenbronner Straße 9, 75175 Pforzheim

Wie kommt man hin?

Per ÖPNV: Die Buslinie 5 fährt (ab Bahnhof Pforzheim) direkt zum Wildpark. Die Haltestelle befindet sich am Eingang.

Per Pkw: Der Wildpark liegt in der Tiefenbronner Straße Richtung Seehaus. Hinweisschilder („Hochschule" bzw. „Wildpark") bereits in der Stadtmitte von Pforzheim. Großer Parkplatz am Eingang (gebührenpflichtig).

Geöffnet:	ganzjährig, durchgehend
Eintritt:	frei (Spenden erbeten!)
Infos:	Tourist-Information (s. o.) oder direkt beim Wildpark unter Telefon 0 72 31/39 33 28;
Internet:	www.pforzheim.de Verzeichnis: Sport/Freizeit/Wildpark

Enzauenpark Pforzheim

Wie kommt man hin?

Der Park liegt am Ortsende, entlang der Enz, direkt an der B 10.

Geöffnet:	täglich	11.00 – 13.00 Uhr
Eintritt:	frei; ausgenommen Einzelveranstaltungen, Veranstaltungsvorschau erhältlich bei der Tourist-Information;	
Infos:	Pforzheim Kongress- und Marketing GmbH, Eutinger Straße 4, 75175 Pforzheim, Telefon 0 72 31/39-13 64, Fax /39-13 07;	
e-Mail:	pkm-enzauenpark@t-online.de	

Tipp:
Pforzheim hat eine ganze Reihe, gerade auch für Familien interessante Museen, bei denen der Eintritt jeweils frei ist: zum Beispiel das *Mineralienmuseum* (mit umfassender Regionalsammlung), das *Museum im Bahnhof* (mit Modellanlage), das *Bäuerliche Museum* (in Eutingen) und andere mehr. Infos darüber auf der Homepage der Stadt oder in der Tourist-Information.

Ein kapitaler Hirsch...

Märchenhaftes auf Schloss Neuenbürg

Schon ein Schloss allein erscheint den meisten von uns märchenhaft. Auch in Neuenbürg. Doch hier hat das eine ganz besondere Ursache: Hier wird Märchentheater gemacht. Dem angepasst sind auch die Innenräume des Schlosses, das selbst wie die Kulisse zu einem Theaterstück wirkt.

Neuenbürg ist ein kleines Städtchen, ungefähr 12 Kilometer von Pforzheim entfernt, zwischen den Kurorten Bad Herrenalb, Wildbad und Bad Liebenzell. Es wird vom 402 Meter hohen Schlossberg überragt, geografisch einem Umlaufberg: Die von Süden kommende Enz umfließt den Ausläufer des Berges und gräbt sich dabei von beiden Seiten immer tiefer ein. Bis auf 150 Meter haben sich die beiden Flussbiegungen einander schon genähert. Irgendwann wird so ein frei stehender Berg entstehen.

Schon den Kelten, die vor rund 2 500 Jahren als erste den Schlossberg besiedelten, erschien er wegen des besonders guten Blicks über das Tal als der geeignete Platz für eine Befestigung. Auch die Grafen von Calw-Vaihingen hat dies lange später, um das Jahr 1200, bewogen, hier eine Doppelburg zu errichten. Sie besteht aus zwei eigenständigen Burgen, die durch eine Ringmauer und den Burggraben miteinander verbunden sind. Im 14. Jahrhundert bewohnten sie württembergische Vögte (Verwalter). 1550 wurde die vordere Burg zum Schloss im Renaissance-Stil umgebaut. In neuerer Zeit waren das Forstamt sowie das Finanzamt im Schloss untergebracht. Immer war das Schloss also Verwaltungssitz, war von Beamten bewohnt, was dem Märchenhaften ja eigentlich keinen guten Stoff liefert. Was also ist passiert? Zweierlei: Zum einen wurde gerade das Märchen, das den Schwarzwald, besonders den Nordschwarzwald, wie nichts sonst charakterisiert und lebendig macht, als begehbares Theater installiert. Die Geschichte von Peter Munk, dem Glasmännlein und dem Holländer-Michel, die der Dichter Wilhelm Hauff erfand, muss auf Familienausflügen in den Schwarzwald ohnehin einmal erzählt werden. Hier geschieht das sicher am spannendsten. In sechs nacheinander zu begehenden Räumen, bei punktuellem Laserlicht im ansonsten dunklen Raum, mit kantigen aber sehr ansprechenden Holzskulpturen, mit der sonoren Erzählerstimme: so ist der Spagat zwischen den Flößern, Glasbläsern, Köhlern, den guten und bösen Geistern und der modernen Welt perfekt gelungen.

Das Märchen also nimmt den ersten Teil der Schlossführung ein. Der zweite zeigt die Räume des Schlosses. Auch hier wird den

Besuchern keine der üblichen Führungen „verpasst“, sondern eine Geschichte erzählt: Die Schlossbewohner sind auf Reisen, alles wurde – wie früher üblich – zur Schonung der Polster, Bilder und Einrichtungsgegenstände mit Tüchern verhüllt. Nur der Diener Ambrosius ist noch da. Er ist aber gerne bereit, die Besucher, wo sie doch schon da sind, durch das Schloss zu führen. In den einzelnen Zimmern geht es nun auf Zeitreise in die Vergangenheit der Region. Aus der Not, nicht so viele wertvolle Objekte wie andere zu haben, hat sich als „Tugend“ diese außergewöhnliche Erlebnisführung durch das Schloss ergeben, das heute Teil des Badischen Landesmuseums ist.

„Meine Herrschaft ist verreist…“

Ein zusätzlich netter Gedanke ist, dass es im Schloss ein Zimmer mit Spiel- und Malsachen gibt, in dem sich Familien im Anschluss an das eben Erlebte noch aufhalten und freie Zeit miteinander verbringen können.

Danach kann man noch im Schlosshof bei Kaffee und Kuchen sitzen oder die Umgebung des Schlosses erkunden: den Schlossgarten mit der Burgruine oder den Schlosswald, von wo aus der „Frisch-Glück“-Pfad zum nahe gelegenen Besucherbergwerk (s. Kapitel 3 „Glück auf!“) führt.

Wie kommt man nach Neuenbürg?
Per Bahn: Gute Zugverbindungen von Karlsruhe oder Stuttgart aus über Pforzheim. Zu Fuß vom Bahnhof Neuenbürg in 15 Minuten durch den Wald zum Schloss.

Per Pkw: Von Pforzheim auf der B 294 Richtung Freudenstadt bis Neuenbürg Stadtmitte, dort parken und an der St. Georgskirche ebenfalls in rund 15 Minuten zu Fuß zum Schloss gehen.

Geöffnet:	Mai bis Oktober	
	dienstags bis sonntags	10.00 – 18.00 Uhr
	November bis April	
	dienstags bis sonntags	13.00 – 18.00 Uhr

Infos: Schloss Neuenbürg in 75305 Neuenbürg, Telefon 0 70 82/79 28 60 (Museum), Fax /79 28 70;

e-Mail: info@schloss-neuenbuerg.de

Internet: www.schloss-neuenbuerg.de

Kartentipp:
1 : 50 000 TOP Blatt 1 Karlsruhe, Pforzheim

Vier Besucherbergwerke an der Schwarzwaldhochstraße

Der Bergbau hatte im Schwarzwald früher einen großen Stellenwert. Inzwischen sind alle Stollen (egal, was ursprünglich abgebaut wurde) längst erschöpft. Geblieben ist die Erinnerung an diesen wichtigen Teil der Kultur- und Besiedlungsgeschichte des Schwarzwalds. In unzähligen ehrenamtlich geleisteten Arbeitsstunden sind sie heute als Besucherbergwerke wieder zugänglich und stoßen auf großes Interesse. Allein entlang der Schwarzwaldhochstraße im Bereich des Nordschwarzwalds gibt es vier davon, die sich übrigens prima mit anderen Ausflugstipps in diesem Buch verbinden lassen. „Glück auf“ also, denn das wünschten sich die Bergleute, bevor sie in den Stollen ein- oder ausfuhren, bevor es wieder einmal los ging.

Gleich vorweg ein Tipp: Auch im Hochsommer ist es in den Bergwerken kühl und feucht. Nicht nur für die Kinder sollte deshalb an Pullover und richtiges Schuhwerk gedacht werden.

Neuenbürg: „Frischglück-Stollen“

Dieses Besucherbergwerk nahe Neuenbürg ist Teil der ehemals „Königlich-Württembergischen Eisenerz-Bergwerke“. Schon Kelten und Römer hatten hier nach Erz gegraben und Eisen geschmolzen. Die Grube wurde von 1720 bis 1868 betrieben, wobei fast 100 000

Am Frischglück-Stollen

Tonnen Erz gefördert und drei Eisenhütten beliefert wurden. Aus dem Erz wurde Stahl, der Stahl gleich in Neuenbürg zu Sensen, Sicheln und Messern verarbeitet. Das Ende der Grube kam dann durch die Konkurrenz moderner betriebener Gruben. Seit 1985 gibt es das Besucherbergwerk in seiner heutigen Form.

Versehen mit Umhang und Helm steigt man über drei „Sohlen", so nennt man bergmännisch die drei Stockwerke, ins Innere. Dabei geht es nach oben, nicht nach unten! Die Führung dauert rund 45 Minuten.

Gut verbinden lässt sich dieser Ausflug mit dem Besuch von Märchentheater und Schloss im nahen Neuenbürg (s. Kapitel 2 „Folgt dem Diener Ambrosius!"). Wer mag, kann sogar hinüber wandern.

Neubulach: „Hella-Glück-Stollen"

Der Bergbau brachte der Stadt Neubulach nicht nur wirtschaftlich Glück, sondern auch Ansehen und Rechte. Neubulach, gegründet zur Sicherung der umfassenden Silbererzvorkommen und den Bergwerksanlagen, wurde bereits von den Staufern zur Stadt erhoben und war dann lange auch die führende Bergbaustadt im nördlichen Schwarzwald.

Das Bergwerk selbst ist seit 1970 wieder für Besucher geöffnet und es gibt auch hier das obligate, für Kinder aber tolle Zubehör zur Führung: Umhang und Helm.

Vor dem Eingang zum Bergwerk Neubulach

Als sinnvolle Ergänzung des Ausflugs ist der Besuch eines der Mineralienmuseen, entweder hier in Neubulach oder in Pforzheim (s. Kapitel 1 „Es gibt ihn doch, den Schwarzwald-Elch“ bei Tipps) zu nennen. Außerdem gibt es einen Lehrpfad über die Geschichte des Bergbaus am Silberbergwerk.

Dornstetten-Hallwangen: Grube „Himmlisch Heer“

Die Grube „Himmlisch Heer“ war von 1551 bis immerhin 1912 in Betrieb. Hauptsächlich wurde Schwerspat abgebaut, interessant sind aber auch die Mineralien Malachit, Azurit und vor allem der schöne Fluorit, den man als Schmuckstein kennt. Als Besucherbergwerk ist die Grube seit 1995 zugänglich und gut mit einem Besuch des BarfussParks und der schönen Fachwerkstadt Dornstetten (beides s. Kapitel 28 „Zeigt her eure Füße...“) zu kombinieren.

Freudenstadt: Schaubergwerk „Historisches Silberbergwerk“

Das Bergwerk für Schwerspat und Silber ist sehr viel älter als die Stadt und wurde 1999 zum 400-jährigen Bestehen Freudenstadts wieder öffentlich zugänglich gemacht. Wichtig zu wissen ist, dass diese Grube vielleicht nicht für jeden und vor allem *nicht für kleinere Kinder geeignet* ist: Über (allerdings durch Zwischenböden gesicherte) Leitern steigt man während der Führung hinab und auch wieder hinauf. Und so ist es hier ein bisschen anstrengender, aber auch abenteuerlicher als in den anderen Besucherbergwerken.

Wer Zeit und Lust hat, nicht nur mehr über den Erzabbau, sondern vor allem auch über die alten „Waldgewerbe“ zu erfahren, sollte unbedingt den nahe gelegenen, reizvollen *„Freudenstädter Waldgeschichtspfad“* (einfache Strecke 8,5 Kilometer) wandern, der sich mit einer Fortführung der Wanderung über den Friedrichsturm zur längeren (11 Kilometer), aber schönen Runde schließt und kurz vor Erreichen des Ausgangspunktes am Parkplatz des „Café am Friedrichsturm“, Herzog-Friedrich-Straße 33, 72250 Freudenstadt, Telefon/Fax 0 74 41/95 25 54 (montags Ruhetag), am Minigolfplatz, Telefon 0 74 41/95 26 60, und an einem Spielplatz vorbeiführt.

Neuenbürg: Besucherbergwerk „Frischglück-Stollen"

Wie kommt man hin?
Per Bahn: Gute Zugverbindungen von Karlsruhe oder Stuttgart aus über Pforzheim. Vom Hauptbahnhof oder vom Südbahnhof Neuenbürg aus sind es jeweils etwa 45 Minuten Fußweg bis zum Besucherbergwerk. Die Buslinie 723 (Neuenbürg – Schömberg) des RVS hält beim Bergwerk.

Per Pkw: A 8, Ausfahrt Pforzheim-Ost (Nr. 45). Das Besucherbergwerk liegt vor Neuenbürg an der Straße nach Waldrennach (ausgeschildert).

Geöffnet:	April bis Oktober samstags, sonn- und feiertags		10.00 – 17.00 Uhr
Führungen:	Für Gruppen ab 10 Personen nach Voranmeldung mittwochs bis freitags.		
Eintritt:	Erwachsene	EUR	3,50
	Kinder (6 bis 12 J.)	EUR	2,00
Infos:	Stadtverwaltung Neuenbürg, Postfach 12 62, 75305 Neuenbürg, Telefon 0 70 82/79 10-0, Fax /79 10 65; „Frischglück"-Arbeitsgemeinschaft/Neuenbürger Bergbau e. V., Postfach 11 20, 75301 Neuenbürg;		
e-Mail:	stadtverwaltung@neuenbuerg.de kontakt@frischglueck.de		
Internet:	www.neuenbuerg.de www.frischglueck.de		

i

Neubulach: Besucherbergwerk „Hella-Glück-Stollen“

Wie kommt man hin?
Per Pkw: A 8, Ausfahrt Pforzheim-West (Nr. 43), B 10 bis Pforzheim, B 463 durch das Nagoldtal bis Neubulach.

Geöffnet:	April bis Oktober	
	montags bis samstags	10.00 – 16.00 Uhr
	sonn- und feiertags	10.00 – 17.00 Uhr
Infos:	Kurverwaltung Neubulach, Marktplatz 13, 75387 Neubulach, Telefon 0 70 53/96 95-10, Fax /64 16;	
e-Mail:	info@neubulach.de	
Internet:	www.neubulach.de	

Neubulach: Schwarzwälder Mineralien-Ausstellung

Geöffnet:	montags bis freitags		
	10.00 – 12.30 Uhr	und	14.00 – 16.00 Uhr
	sonn- und feiertags		
	10.00 – 12.30 Uhr	und	13.30 – 17.00 Uhr

Dornstetten-Hallwangen: Grube „Himmlisch Heer“

Wie kommt man hin?
Per Bahn: Mit dem Zug bis Bahnhof Dornstetten. Von dort ist es eine etwa 40-minütige Wanderung.

Per Bus: Von der Haltestelle „Kurhaus Waldeck“ sind es nur noch etwa 3 Minuten Fußweg, von der Haltestelle „Grüner Baum“ noch etwa 8 Minuten.

Per Pkw: A 81, Ausfahrt Horb (Nr. 30), B 32 bis Horb, dann Landstraße bis Dornstetten.

Geöffnet:	Mai bis Oktober	
	sonntags	11.00 – 17.00 Uhr
Infos:	Tourist-Information, Marktstraße 1, 72280 Dornstetten, Telefon 0 74 43/96 20 30;	

e-Mail:	info@dornstetten.de
Internet:	www.dornstetten.de

Freudenstadt: „Historisches Silberbergwerk"

Wie kommt man hin?
Per Bahn: Von Stuttgart und Karlsruhe aus fahren regelmäßig Züge. Auch mit der „Murgtalbahn" ab Karlsruhe kommt man nach Freudenstadt (s. Kapitel 27).

Per Pkw: Freudenstadt, Richtung Schwarzwaldhochstraße; das Bergwerk liegt am Ortsende beim Kurhaus.

Geöffnet:	Ostern bis Oktober samstags, sonn- und feiertags	14.00 – 17.00 Uhr
Infos:	Kongresse – Touristik – Kur Freudenstadt, Marktplatz 64, 72250 Freudenstadt, Telefon 0 74 41/8 64-0, Fax /8 51 76;	
e-Mail:	touristinfo@freudenstadt.de	
Internet:	www.freudenstadt.de www.Schwarzwald-erleben.de	

Freudenstadt: Waldgeschichtspfad

Wie kommt man hin?
Per Pkw: S. o., erst Richtung Schwarzwaldhochstraße, am Ortsende von Freudenstadt abbiegen in Richtung Schömberg, Zwieselberg. Unmittelbar nach dem Abbiegen findet man rechts die Zufahrt zum Wanderparkplatz „Teuchelwald".

Zwischen Parkplatz „Lauferbrunnen" und Stadt besteht eine Verbindung per Bus oder Kurbähnle. Der reine Pfad ist 8,5 Kilometer lang.

Es besteht die Möglichkeit, ab dem Endpunkt per Bus zurück zu fahren oder mit zusätzlichen 2,5 Kilometern eine reizvolle Rundwanderung zu machen.

4 Ein „Bächle" – ideal für Kinder

Das Monbachtal bei Bad Liebenzell

Wie kaum ein Wanderweg führt der Pfad durch die Monbachschlucht eng am Wasser entlang, „zwingt" immer wieder durch den Bach zu wechseln, von einer Seite auf die andere. Hier ist Plantschen für Kinder ein Muss und gerade deshalb haben sie auf diesem Ausflug so viel Spaß...

Das Monbachtal bei Bad Liebenzell ist von der B 463 her kommend ausgeschildert. Parkmöglichkeiten finden sich hinter der Bahnunterführung. Wer mit der Bahn anreist, steigt am *Bahnhof Bad Liebenzell* aus, überquert den Fußgängersteg und folgt dem „Badweg" immer an der Nagold entlang, vorbei an *Campingplatz* und *Freibad*. Bei der *Markgrafenbrücke* überquert man dann die Nagold, geht links und sofort wieder rechts zur Eisenbahnunterführung.

Um den „Einstieg" ins Tal selbst zu finden, betritt man nun den *Park der „Liebenzeller Mission"*. Doch nur, um dort sofort rechts über eine kleine Brücke einen *Minigolfplatz* zu überqueren und dem Schild „Monbachschlucht" zu folgen.

Schlucht? Hier unten ist der Monbach doch ein ganz normaler, eher ruhig vor sich hin plätschernder Bach!

Und dass dies etwas Besonderes ist, merkt man erst, wenn man sich klarmacht, dass dieser „Monbach" genannte Teil der Unterlauf eines größeren Baches ist. Normalerweise hat ein Bach in seinem Oberlauf das größere Gefälle mit höherer Fließgeschwindigkeit und damit den romantischeren, weil wilderen und ursprünglicheren Abschnitt. Hier ist es umgekehrt. Schuld sind die Gesteinsschichten im Oberlauf des Baches, die verhinderten, dass der Bach sich dort tiefer eingraben konnte.

Folgerichtig hat der Bach, der aus zwei so ganz unterschiedlichen Abschnitten besteht, zwei Namen: Man nennt ihn „Monbach" im unteren Tal, dem eigentlichen Monbachtal. „Maisgraben" (was nichts mit dem Getreide zu tun hat, sondern ein mundartlicher Ausdruck für „Wasser" ist) heißt er im oberen, dem Möttlinger Tal, dort, wo die Quelle zu suchen ist.

Der Name „Monbach" soll von dem Namen des nahen Orts „Monakam" abgeleitet worden sein, der wiederum scheint auf die uralte Besiedlung des Bergrückens (= „Kamp") durch die Sippe eines „Mone" oder „Mun" hinzuweisen. Aber was interessiert das noch bei einem so spannenden Wegverlauf, eng am Wasser entlang?

Immer wieder staut sich das Wasser im Bachbett durch Geröll auf, ehe es in vielen kleinen Kaskaden wieder freikommt. Mehrfach wechselt der Weg die Bachseite, meist über große Steine im Bachbett. Die

Ob's ein Prinz wird, wenn ich ihn küsse?

meisten Kinder werden etliche Male mehr die Gelegenheit nutzen, im Bach herumzuturnen. Gummistiefel, Handtücher, ein paar trockene Socken und vielleicht sogar Ersatzkleidung sollten schon vorab ins Auto gepackt werden.

Am *„Jugendzeltlagerplatz Monbachtal"* gibt es die erste Möglichkeit zum Grillen. Eine Feuerstelle sowie mehrere Sitzgruppen mit Tischen und Bänken aus Holz stehen bereit. Eine zweite Möglichkeit, Rast zu machen, findet sich ein Stück weiter an der *Schutzhütte des Schwarzwaldvereins* auf einer Waldlichtung. Ab hier erreicht man in ungefähr einer Viertelstunde die Monbachbrücke.

Wer im **Auto** angereist ist, geht an dieser Brücke rechts, um auf der linken Talseite auf einem Forstweg, der sich später „Hahlenweg" nennt, den Rückweg im Bogen oberhalb der Monbachschlucht anzutreten und zum Ausgangspunkt zurückzukehren. Vielleicht mag man noch auf dem Gelände der *Liebenzeller Mission* bleiben und dort die große Wiese des Spielplatzes für Ballspiele nutzen, im eiskalten Kneipp-Becken seinen Mut beweisen, Minigolf spielen oder die Pferde und Ziegen streicheln.

Wer mit der **Bahn** gekommen ist, wandert weiter, direkt nach *Monakam* hinein. Vorbei am *Biergarten*, über die „Monbachstraße" und weiter die „Brunnenstraße" hinaus. Nach etwa 300 Metern biegt man erst links ab in die „Waldstraße", dann rechts in den „Iltisweg" bis zur Straße „Am Hährenwald". Einmal gilt es dann noch aufzupassen, um den Monakamer „Kirchweg" nicht zu verpassen, dann geht es nur noch abwärts, vorbei am *Waldfriedhof*, zum **Bahnhof Bad Liebenzell**.

Bad Liebenzell selbst hat einiges zu bieten: Zum Beispiel die hoch über dem Nagoldtal gelegene **Burg Liebenzell**, die man sowohl zu Fuß als auch mit dem Auto erreichen kann. Um 1200 errichtet, war sie seit dem 16. Jahrhundert Ruine, bis sie 1954 renoviert wurde. Heute sind die Burggaststätte und der 34 Meter hohe Bergfried (der Turm) jedermann zugänglich und bieten einen weiten, lohnenden Ausblick.

Der Name „Liebenzell" soll zurückgehen auf eine klösterliche „Zelle", also ein kleines Kloster, das im Jahre 1090 von Hirsau aus eingerichtet und der Heiligen „Lioba" (710 bis 782) gewidmet ist, einer Benediktinerin und Äbtissin von Tauberbischofsheim.

Hirsau liegt nahe und sollte, im Auto jedenfalls, den Abstecher wert sein. Zumal es Geschichte gemacht hat, als es zum deutschen Ausgangspunkt der vom burgundischen Kloster Cluny eingeleiteten Klosterreform wurde und sein damaliger Einfluss bis Thüringen, Bayern und Kärnten reichte. Im 17. Jahrhundert war es dann beliebter Sommersitz der württembergischen Herzöge, die hier ein Jagdschloss errichteten. Kloster, Kirche und Schloss wurden 1692 von den Franzosen zerstört und nicht wieder aufgebaut. Die romantische Anlage zieht immer noch viele Besucher an.

Viele kommen auch wegen des gegenüber gelegenen Tiergeheges. Lebt Boris noch, der kapitale und inzwischen legendäre Hirsch und Herrscher des dortigen Rotwildrudels? Das wollen die Kinder immer wieder zuerst wissen.

Wie kommt man nach Bad Liebenzell?
Per Bahn: Bad Liebenzell hat einen Bahnhof. Die Wanderung ins Monbachtal ist auch ab/bis Bahnhof beschrieben.

Per Pkw: Von Pforzheim auf der B 463 Richtung Calw, Bad Liebenzell. Das Monbachtal ist ausgeschildert.

A 81 Stuttgart – Singen, Ausfahrt AB-Kreuz Böblingen-Hulb (Nr. 24), Richtung Weil der Stadt, Bad Liebenzell.

B 295 Stuttgart – Leonberg – Weil der Stadt, dort Richtung Bad Liebenzell abbiegen.

Weglänge: durch das Monbachtal: ca. 6,5 km

Burg Liebenzell

Geöffnet: bei gutem Wetter täglich 10.00 – 18.00 Uhr
Mitte Dezember bis März geschlossen.

Infos: Burg Liebenzell, Telefon 0 70 52/12 34;

weitere Infos: Tourist-Information Bad Liebenzell,
Kurhausdamm 4, 75378 Bad Liebenzell,
Telefon 0 70 52/40 8-0, Fax /40 81 08;

e-Mail: info@bad-liebenzell.de

Internet: www.bad-liebenzell.de

Wie kommt man nach Hirsau?
Von Bad Liebenzell weiter Richtung Calw. Der Luftkurort Hirsau ist ein Stadtteil von Calw.

Infos: Stadtinformation Calw, Marktbrücke 1,
75365 Calw, Telefon 0 70 51/96 88 10,
Fax /96 88 77;

e-Mail:	stadtinfo@calw.de
Internet:	www.calw.de

Kartentipps:
1 : 50 000 TOP Blatt 1 Karlsruhe, Pforzheim
1 : 30 000 Schwarzwald-Wanderkarte

Gut gerüstet für ein Picknick

Der Quellerlebnispfad in Bad Herrenalb

Warum gerade Quelli? Und wer bitte ist Quelli überhaupt? Eine Libelle. Keine richtige natürlich, sondern eine gezeichnete und zugleich das Wegzeichen auf dem **Quellerlebnispfad** in **Bad Herrenalb**, wo sie von Quelle zu Quelle, von Station zu Station führt.

Wer mit der Bahn anreist, findet schon im Kurgarten die Ausschilderung. Das ist der einfachere Weg. Für die, die im Pkw kommen, ist es etwas schwieriger, den Einstieg zu finden. Man fährt in Bad Herrenalb am Rathaus und am Kloster vorbei, parallel zur Fußgängerzone. Dann trifft man auf die Straße „Auf der Schanz" und folgt dem Schild „Plotzsägemühle/Waldparkplatz". Vom Waldparkplatz muss man ungefähr 50 Meter zurück laufen, um auf den

Infotafel auf dem Quellerlebnispfad

(beschilderten) „Albtalweg“ zu stoßen. Der Quellerlebnispfad ist eine Erweiterung des seit langem beliebten Wanderwegs.

Was man mitnehmen sollte, ist die Broschüre zum Pfad (sofern man nicht geführt geht, dient sie als sinnvolle Ergänzung zu den Tafeln) und zumindest eine Becherlupe.

18 Stationen bieten viel Interessantes und Wissenswertes, aber auch jede Menge Gelegenheit zum Spielen und Plantschen. Bei Station 7 gibt es zum Beispiel eine Spielquelle, direkt neben einer Hütte mit Bänken, ideal für ein Picknick. Allerdings muss alles mitgebracht werden. Es gibt zwar an den jeweiligen Endpunkten ein reiches gastronomisches Angebot, aber auf der Wanderstrecke selbst ist keine Einkehr- oder Einkaufsmöglichkeit.

Wasser marsch!

Station 9 ist bei der *„Harfentanne"*, die sich durch vier parallel aufstrebende Stämme auszeichnet. Spätestens jetzt wird von den Kindern wieder eine Unterbrechung der Wanderung gefordert werden, denn die umgebenden Felsen locken zum Klettern, und an der schäumenden Alb kann man ebenfalls nicht einfach vorbei gehen. Danach ist es auch nicht mehr weit bis zur Plotzsägemühle.

Zuerst aber passiert man noch die *„Klause"*. Diese Klause hat nichts mit Einsiedelei zu tun, sondern meint den Bereich, in dem hinter einem Wehr Wasser gestaut wurde, damit man Bretter oder Flöße mit einem starken Schwall Wasser zu Tal schicken konnte.

Wenig später ist die **Plotzsägemühle** erreicht. Man braucht nur den Namen langsam und bewusst nachzusprechen, um zu wissen, worum es geht. Die alte, sehr gut erhaltene Mühle ist eine Klopfsäge, in der Bretter geschnitten wurden, die man dann albtalwärts flößte. Die bereits 1297 erwähnte Mühle gehörte 300 Jahre lang zur „Murgschifferschaft" (s. Kapitel 7 „Von Brunnen zu Brunnen"). Theoretisch könnte sie sogar noch heute arbeiten, ist aber natürlich nicht mehr rentabel. Direkt an der Mühle kann man in einer *Gartenwirtschaft* gemütlich rasten. Zu ihr gehört auch ein kleines, privates *Heimatmuseum.*

Die Wanderung ist hier beendet. Aber allen, die im Bus zurück nach Bad Herrenalb wollen, zeigt Quelli noch den Weg nach *Zieflensberg* zur Bushaltestelle.

Zurück in **Bad Herrenalb** sollte man nicht versäumen, noch die Ruine des **Zisterzienser-Klosters** zu besichtigen. Berthold und Uta von Eberstein stifteten 1149 das Zisterzienser-Mönchskloster „Alba Dominorum" aus Dankbarkeit über die glückliche Heimkehr des Grafen vom zweiten Kreuzzug durchs Heilige Land. Dieses Kloster galt neben Maulbronn als die reichste Abtei im Lande, wurde aber 1642 schwer von schwedischen und 1796 vollends von französischen Truppen zerstört. Auch die Herrenalber selbst schädigten die Anlage, als sie im 19. Jahrhundert Steine zum Bau ihrer Häuser entnahmen. Dennoch sind die Reste des Klosters noch heute sehenswert, zumindest die ehemalige Klosterkirche mit ihrer „Wunderkiefer" sollte man sich ansehen: Die Kiefer wurzelt als inzwischen riesiger Baum auf schmalstem Raum über dem Eingangsportal. Selbst dem Orkan „Lothar", der in den Wäldern teilweise so großen Schaden anrichtete, konnte sie trotzen.

Wie kommt man nach Bad Herrenalb?
Per Bahn: Gute Bahnverbindung über Karlsruhe mit der Albtalbahn.

Per Pkw: Von Pforzheim auf der B 294 Richtung Freudenstadt, circa 5 Kilometer hinter Neuenbürg rechts nach Bad Herrenalb.

Von Karlsruhe über Ettlingen und Marxzell nach Bad Herrenalb.

Weglänge:	Quellerlebnispfad (einfach) ca. 3 Kilometer
Heimatmuseum:	Gaststätte „Plotzsägemühle", Gartenwirtschaft mit Kinderspielplatz (Ruhetag telefonisch erfragbar unter 0 70 83/82 77);
weitere Infos:	Tourismusbüro Bad Herrenalb, Bahnhofsplatz 1, 76332 Bad Herrenalb, Telefon 0 70 83/50 05 55, Fax /50 05 44;
e-Mail:	info@badherrenalb.de
Internet:	www.badherrenalb.de

Kartentipp:
1 : 50 000 TOP Blatt 1 Karlsruhe, Pforzheim

Tipps:
Wer Dampfzugfan ist, sollte sich das Bad Herrenalber „Bahnhofsfest" rechtzeitig vormerken. (Näheres dazu und zu Dampfzugfahrten überhaupt, s. Kapitel 30 „Schwarzwald unter Dampf").

Strauße mitten im Schwarzwald? Im Bad Herrenalber Ortsteil Berntal kann man diesen Tieren unvermittelt gegenüberstehen, wenn man an ihrem 8 000 Quadratmeter großen Auslauf steht, der zur privaten Straußenfarm von Harry Faas gehört.

Wer Spaß daran hat, sich einmal mehr mit dem Thema „Wasser" zu beschäftigen, kann das auch auf dem „Schwarzwälder Wasserpfad" in Alpirsbach (s. Kapitel 25 „Beten und Büffeln") tun.

Zwischen Gernsbach und Baden-Baden

Betrachtet man eine Wanderkarte des Gebiets, so entdeckt man schon auf den ersten Blick zahlreiche „Orte", deren Namen klingen, als müssten sie mit einer Sage verknüpft sein. Von Gernsbach aus wurden sie nun zu einem ausgeschilderten „Sagenweg" verbunden.

Die Idee zu einem solchen Weg wurzelte in der Entdeckung, dass es gerade hier einen reichen Schatz an Sagen und Geschichten gibt, die sich mit der Herkunft von Flur- und Ortsnamen beschäftigen und die zugleich einen Hinweis darauf geben, wie die Menschen früher Naturphänomene oder andere Erscheinungen deuteten.

Später bleibt es jeder Familie selbst überlassen, ob sie den Ausflug in Gernsbach oder Baden-Baden ausklingen lassen will.

Der ganze **Sagenweg**, der in **Gernsbach** bei der **Klingelkapelle** beginnt, verbindet die acht Stationen „Klingele", „Engelskanzel", „Grafensprung", Schloss Eberstein, Erzgrube, „Heidenzell", „Müllenbild" und „Kohlplättel" zu einer Wanderung rund um den Gernsberg und ist 16 Kilometer lang. Der kleine Sagenweg beinhaltet fünf der acht Stationen und ist besonders für Familien mit Kindern geeignet. Er führt hinauf zu **Schloss Eberstein** und über die **Erzgrube** auf dem „Bergmännlespfad" wieder nach **Gernsbach** hinunter. Wer eine Taschenlampe mit hat, kann den Eingang zur Erzgrube erkunden, die zwar als finsterer „Felsenschlund" beginnt, aber nicht allzu weit in den Berg hineinführt.

Der gesamte Wegverlauf ist mit einem als Bergmann verkleideten *Teufelchen* gut ausgeschildert, so dass es eigentlich keiner Karte bedarf. An den jeweiligen Stationen sind Tafeln angebracht, die über Herkunft und Besonderheit des Ortes Auskunft geben.

Zurück in **Gernsbach** darf man nicht versäumen, durch die malerische Altstadt mit der alten Stadtbefestigung und den Sonnenuhren und Brunnen zu bummeln. Danach kann man in einer der vielen gemütlichen Gastwirtschaften einkehren oder weiter ins nahe Baden-Baden fahren.

Baden-Baden ist ein internationaler, viel besuchter Kurort und eigentlich so bekannt, dass man nicht viele Worte darüber verlieren muss. Aber es ist immer einen Besuch wert. Hat man gerade noch den Sagenweg begangen, dann sollte man in Baden-Baden zuerst die **Trinkhalle** besuchen, vor allem die 90 Meter lange Vorhalle mit ihren 16 korinthischen Säulen, an denen badische Sagen, wie die von der „Geisterhochzeit zu Lauf" oder dem „Grafensprung bei Neu-

Eberstein“, erzählt werden. Fast südlichen Charme erlebt man dann beim Bummel durch die schmalen Gassen der Altstadt. Gleich nebenan liegt das Bäderviertel, mit Friedrichsbad und Caracalla-Therme. Nicht nur für Kinder interessant ist, dass man am Weg Thermalwasser aus den Quellen des Florentinerberges zapfen kann. Zum Schluss geht es auf verwinkelten Stufen noch hinauf zum **Neuen Schloss**, der ehemaligen Residenz des Markgrafen von Baden, ehe man sich auf den Weg zurück in die Stadt macht. Wo sich am kurz „Leo“ genannten „Leopoldsplatz“ Groß und Klein vielleicht noch im Café König dessen selbstgemachte Trinkschokolade gönnen. Ein Traum, übrigens auch zum Mitnehmen, sind die karamelisierten Haselnüsse im Nougatmantel...

Wandergruppe auf dem Sagenweg

Wie kommt man zum Sagenweg nach Gernsbach?
Per Bahn: Von Karlsruhe mit der S-Bahn S 41 bis Haltestelle „Gernsbach-Mitte“. Über die Stadtbrücke zur Altstadt und ans andere Ufer. Busanschluss ab Bahnhof Gernsbach auch nach Baden-Baden.

Per Pkw: Über die A 5, Ausfahrt Rastatt (Nr. 49), dann die B 462 Richtung Freudenstadt.

Ausgangspunkt „Sagenweg“: südlich von Gernsbach, vom Rathaus aus in Richtung Obertsrot an der Klingelkapelle. Achtung: Man muss in Gernsbach rechtzeitig ans (von der Straße aus gesehen) andere Bachufer gelangen, um zum Ausgangspunkt zu kommen.

Weglänge:	Rundweg komplett: 16 km Kleiner Sagenweg: 6 km
Infos:	Kultur- und Verkehrsamt Gernsbach, Igelbachstraße 11, 76593 Gernsbach, Telefon 0 72 24/6 44-44, Fax /6 44-64; Broschüre „Gernsbacher Sagenweg“
e-Mail:	touristinfo@gernsbach.de
Internet:	www.gernsbach.de

Wie kommt man nach Baden-Baden?
Per Bahn: Baden-Baden ist ICE-Bahnhof.

Per Pkw: über die A 5, Karlsruhe – Freiburg, Ausfahrt Baden-Baden (Nr. 51).

Infos:	Baden-Baden Marketing GmbH, Solmstraße 1, 76530 Baden-Baden, Tourist-Information, Telefon 0 72 21/27 52 00 oder /27 52 01, Fax /27 52 02;
e-Mail:	bbm.info@baden-baden.de
Internet:	www.baden-baden.de

Merkur-Bergbahn
Der Merkur ist das landschaftliche Wahrzeichen und der Hausberg Baden-Badens. Hinauf gelangt man bequem mit der Merkur Bergbahn, einer der längsten Standseilbahnen Deutschlands. Direkt neben der Bergstation liegt der Startplatz für Gleitschirmflieger. Aber auch von der Aussichtsplattform des Merkurturms genießt man einen weiten Rundblick. Es gibt einen Kinderspielplatz und ein Restaurant (geöffnet täglich 10.00 bis 18.00 Uhr).

Bequem bergauf mit der Merkur-Bergbahn

Wie kommt man hin?
Wer mit der Bahn anreist, erreicht sie mit den Bussen der Linien 204 und 205 ab Bahnhof Baden-Baden. In den Bussen gibt es die Kombikarte „KVV + Bergbahn“. An der Talstation gibt es für alle anderen die günstige Familienkarte.

Betriebszeit:	täglich	10.00 – 22.00 Uhr
Infos:	Telefon 0 72 21/2 77-0	
Internet:	www.stadtwerke-baden-baden.de	

Im Wandergebiet Forbach-Gausbach

Dies ist ein Ausflug für Romantiker und Märchenerzähler. Er führt in eine ganz besondere Landschaft, die nur hier noch erhalten ist: die Landschaft der „Heuhüttentäler“ rund um Forbach.

Nähert man sich Forbach aus Süden durch das Murgtal, kommt man durch **Schönmünzach**, einem kleinen Kneippkurort an der Mündung der Schönmünz in die Murg. Hohe Stämme kennzeichnen die gepflegten Bäume im Gebiet der „Murgschifferschaft“, deren südliche Grenze der Langenbach bildete. Die „Murgschifferschaft“ (über diesen Namen stolpert man immer einmal) war anfangs eine Art Bruderschaft, die nach der Reformation die religiösen Bestimmungen aufgab. Sie arbeitete schon vor 500 Jahren nach den Prinzipien eines vertikalen Konzerns: Besitz, Vermehrung und Verarbeitung des Rohstoffes Holz, Verkauf und Transport, alles lag in einer Hand.

Diese Verhältnisse an der oberen Murg und eine historische Person, die des Johann Georg Klumpp, auch der „Hunderttausend-Gulden-Klumpp“ oder der „reiche Jerg“ genannt, sollen den Dichter Wilhem Hauff zu seinem so berühmt gewordenen Märchen „Das kalte Herz“ inspiriert haben. Wer sich für den folgenden Ausflug entscheidet, sollte es unterwegs seinen Kindern einmal erzählen oder mit ihnen einmal nach Neuenbürg ins Schloss (s. Kapitel 2 „Folgt dem Diener Ambrosius!“) fahren.

Forbachs berühmte Holzbrücke

Zurück nach **Forbach**. Forbach ist in erster Linie durch seine Holzbrücke bekannt, die als technisches Denkmal geschützt ist. Sie ist nämlich die größte freitragende, überdachte Holzbrücke in Europa. 1778 vollendet, musste sie wegen der Flößerei freitragend sein. Nach dem Zweiten Weltkrieg sollte sie wegen Einsturzgefahr abgerissen und durch eine Betonkonstruktion ersetzt werden. Anstrengungen Forbacher Bürger ist es zu verdanken, dass sie 1955 nach Originalplänen wieder aufgebaut wurde.

Besonders reizvoll aber ist die Umgebung Forbachs, die durch die so genannten „Heuhüttentäler" geprägt wird. Diese entstanden, weil die Bewohner des Murgtals vor ungefähr 250 Jahren mehr Raum für ihre Landwirtschaft benötigten. Entlang der Bachläufe, hinein in die Seitentäler der Murg rodeten sie daher den Wald und legten stattdessen Wiesengrundstücke an. Die vielen Steine des kargen Waldbodens schichteten sie dabei zu „Leseriegeln" auf oder sie bauten daraus terrassenartig angelegte Trockenmauern. Die so entstandenen Wiesen wurden wegen ihrer Steilheit ausschließlich als Heuwiesen genutzt. Einwanderer aus Tirol brachten die Bauweise der hölzernen Heuhütten mit, die charakteristisch für die Gegend wurden. In diesen Heuhütten wurde das Heu gelagert und im Winter für das im Stall gehaltene Vieh per Schlitten ins Tal gebracht oder auf dem Rücken nach Hause getragen. Heute werden diese Heuhüttentäler nicht mehr wirtschaftlich genutzt. Viele der Täler sind deshalb bereits im Laufe der vergangenen 30 Jahre zugewachsen.

Die Gemeinde Forbach bemüht sich aber seit einigen Jahren sehr, in allen Ortsteilen die schönsten Täler offen zu halten. Dazu gehören auch die Heuhüttentäler rund um **Gausbach**. Hier gibt es gleich zwei hübsche **Themenwege**, die sich zu einer kleinen Wanderung verbinden lassen: Der *Brunnenweg* und der *Sagenweg*. Ausgangspunkt im Ort ist die *Stadtbahnhaltestelle Gausbahn*. Die ausgeschilderte Route mit schönem Rundblick führt durch den gesamten Ort und über einen Feldweg am Waldrand. Am *Hexenbrunnen* beginnt der *Sagenweg*, den man weiter geht und so den Bogen zurück in den Ort findet. Zu beiden Wegen gibt es Faltblätter mit ausführlichen Wegbeschreibungen.

Tipp: Für Familien, aber auch für Schulklassen sei noch angemerkt, dass dieser Ausflug auch gut mit einer Bahnfahrt durchs romantische Murgtal und anschließendem Spiel und Spaß auf dem Waldsportplatz in Gausbach zu kombinieren ist.

Auch **Bermersbach** gehört in die Region Heuhüttentäler. Diese Gemeinde hat sich – um ihre Wiesen offen zu halten und gleichzeitig sanft touristisch zu nutzen – etwas besonders Schönes einfallen las-

Am Hexenbrunnen beginnt der Sagenweg

sen: Sie beweiden die Wiesen mit Ziegen und haben über und durch die Weiden einen *Ziegenpfad* ausgeschildert. Auch dazu gibt es ein Faltblatt mit Wegverlauf und Informationen. Man kann den Weg sowohl aus der Ortsmitte Bermersbach heraus als auch vom Bahnhof Forbach aus gehen. Der Weg ist allerdings *nicht für Kinderwägen geeignet* und mit kleineren Kindern nur bei trockenem Wetter (wegen eines relativ steilen Abschnitts aus dem Murgtal heraus) zu empfehlen.

Wie kommt man nach Forbach?

Per Bahn: Ab Karlsruhe mit der Murgtalbahn (S 41) bis Forbach oder Gausbach.

Wer nach Bermersbach mit öffentlichen Verkehrsmitteln will, nimmt ab Bahnhof Forbach den Bus 248.

Per Pkw: Von Freudenstadt auf der B 462 nach Norden über Schönmünzach und Forbach bis Forbach-Gausbach.

Oder über die A 5, Ausfahrt Rastatt (Nr. 49), dann weiter wie nach Gernsbach.

Weglänge:	Brunnenweg: Rundwanderung: 3 km Sagenweg: verschiedene Varianten, Kombination: ca. 4 km Ziegenpfad: ca. 5 km
Infos:	Alle Wege gehören zur Ferienregion Forbach, Auskünfte deshalb in der Tourist-Info, Landstraße 27, 76595 Forbach, Telefon 0 72 28/3 90, Fax /39 80;
e-Mail:	touristinfo@forbach.de
Internet:	www.forbach.de

Kartentipps:

1 : 50 000 TOP Blatt 2 Baden-Baden, Hornisgrinde

1 : 25 000 TOP 7416, Örtliche Wanderkarte Baiersbronn

8 Wer hat Angst im Moor?

Von Kaltenbronn ins Hohloh- und Wildseemoor

Kaltenbronn besteht aus nur drei Häusern, dafür jedoch aus einer Vielzahl von Wanderparkplätzen. Also muss es etwas Besonderes geben! Doch was? Des Rätsels Lösung ist, dass sich hier, im Bereich des Hohloh- und des Wildsees, das größte zusammenhängende Hochmoorgebiet des Schwarzwaldes befindet.

Echte Mooreinsamkeit kann man jedoch nur in den abgelegenen Teilen des Gebiets oder an düsteren, trüben Nebeltagen erleben. Doch egal. Wichtiger ist, dass Kinder eine besondere Freude an Bohlenwegen haben und beide Ziele auch landschaftlich sehr reizvoll sind. Die Wanderung zum Hohlohmoor bietet auf kleinstem Raum viel Interessantes. Wenn sie allen in der Familie Spaß gemacht hat, sollte der Wildsee eines der nächsten Ausflugsziele sein.

Günstigster Ausgangspunkt für einen Einstieg in beide Wanderungen ist **Parkplatz E**. Wenn er belegt ist, was durchaus sein kann, bietet sich ersatzweise Parkplatz F an. Ein Tipp: Es gibt ein empfehlenswertes Faltblatt mit allem Wissenswerten zu den Mooren und möglichen Wanderungen, das man sich vorab bei den Verkehrsämtern in Gernsbach (s. Kapitel 6 „Das Teufelchen vom ‚Sagenweg'") oder in Enzklösterle (s. Kapitel 12 „Da ist was los für uns!") beschaffen kann. Das **Hohlohmoor** ist als *Rundweg 4* mit 3,4 Kilometer Länge ausgewiesen und somit auch für kleinere Kinder gut zu bewältigen. Trotzdem enthält diese Tour alles was sehenswert und interessant ist. Durch den Wald geht es hinauf zum Hohlohsee und an ihm entlang auf dem versprochenen Bohlenweg. Der Hohloh- ist wie auch der Wildsee ein so genannter „Kolk".

Was ist ein „Kolk"? Wann und warum ist er entstanden? Das „Wann" zuerst: Wahrscheinlich am Ende der letzten Eiszeit, also vor rund 10 000 Jahren, fing dieser sehr sehr langsame Prozess der Moorbildung an. Damals siedelten sich Bleichmoossporen auf dem wasserundurchlässigen Buntsandstein an, der hier den Untergrund bildet. Die hohen Niederschläge förderten das Wachstum der Sporen. Es war in der Mitte, wo die Verdunstung am geringsten ist, am größten. Da die vom Moos ausgeschiedenen Humussäuren die Fäulnis abgestorbener Teile verhinderte, wurde hier die Bodenschicht aus abgestorbenen Pflanzen zu Torf und erhöhte sich. Der Torf saugte so lange vermehrt Wasser, auch Regenwasser, auf, bis in diesem Zentrum höchster Durchfeuchtung sogar die Moose ertranken und absackten. Die sich bildende Mulde füllte sich nun mit Regenwasser,

Tierische Wandergruppe am Wildseemoor

ein „Kolk“ war entstanden. Und warum heißt diese Erscheinung jetzt „Kolk“? Man brauchte dafür einen Namen und fand ihn in dem niederdeutschen Wort für „Wasserloch“, das damit zum Fachbegriff aufgewertet wurde.

Am Ende des Bohlenweges geht es geradeaus weiter zum 29 Meter hohen **Hohlohturm**. Die leergefegte Hochfläche rund um ihn herum geht, ausnahmsweise, nicht auf das Konto von „Lothar“ (s. Kapitel 20 „‚Lothar‘, der Schreckliche“). Schuld haben hier die 1990 noch nach weiblichen Vornamen benannten Orkane „Vivien“ und „Wibke“.

Danach beginnt schon der Rückweg. Er führt hinunter und durch den Wald zurück zum **Ausgangspunkt**.

Wer mag, kann noch einen Blick in das Wildgehege in Kaltenbronn werfen oder im Hotel „Sarbacher“ (kein Ruhetag) einkehren, das eine Gartenwirtschaft und einen kleinen Spielplatz bietet.

Das Naturschutzgebiet **Wildseemoor** ist um einiges größer, der Bohlenweg deshalb auch sehr viel länger. Die Wanderung dorthin ist weiter (in ganzer Länge 13,3 Kilometer) und deshalb trifft man dort – wahrscheinlich – etwas weniger Menschen. Landschaftlich ist es auch außerhalb des Moors wunderschön, wie zum Beispiel beim Dobel/Altlochkarblick. Wenn durch die Kinder aber das Moorerlebnis im Vordergrund steht, kann man die im Faltblatt beschriebene Wanderung wie im Folgenden beschrieben auf rund 5 Kilometer abkürzen:

Von **Ausgangpunkt Parkplatz E** oder F geht man den unteren Weg, den *„Mannslohweg“* bis zur *„Leonhardshütte“*. Hier beginnt der Bohlenweg (nun ohne Rundwanderzeichen). Auf ihm durchquert man das Moor fast mittig, vorbei am Wildsee mit schönen Fotomotiven. Am Ende des Bohlenwegs geht man links, gelangt auf den „Oberen Hornweg“, einen sehr schönen Höhenweg mit weiter Aussicht. Und wenn er später in den „Postweg“ übergeht, ist der Ausgangspunkt am **Parkplatz** fast wieder erreicht.

Ein malerischer Anblick: Das Wildseemoor

Wie kommt man nach Kaltenbronn?
Per ÖPNV: Von Pforzheim mit der S 6 nach Bad Wildbad, dort mit dem Bus 780 Richtung Kaltenbronn – Gernsbach.

Per Pkw: Von Wildbad Richtung Enzklösterle, bei Sprollenhaus rechts ab Richtung Gernsbach, Kaltenbronn. Ausgangspunkt für die Wanderung: Parkplätze E und F.

Weglänge: Hohlohmoor: (Rundweg 4) 3,4 Kilometer
Wildseemoor: 13,3 Kilometer,
kürzere Variante: ca. 5 Kilometer

Hohlohturm

Geöffnet: in den Sommermonaten, bei gutem Wetter
täglich 10.00 – 18.00 Uhr

Infos: Kurverwaltung Enzklösterle (s. Infos zu Kapitel 12 „Da ist was los für uns!").

Kartentipps:
1 : 50 000 TOP Blatt 3 Wildbad, Freudenstadt
1 : 25 000 TOP 7217 Wildbad

Tipp:
In den Sommermonaten gibt es zu verschiedenen Themen „Wald- und Moorführungen auf dem Kaltenbronn" mit einer Försterin. Die Anmeldung dazu sollte mindestens einen Tag zuvor in der Tourist-Info Gernsbach (s. Kapitel 6 „Das Teufelchen vom Sagenweg") erfolgen.

In Bad Wildbad und auf dem Sommerberg

Bad Wildbad ist als Kurbad, als Ausflugsziel zum Bummeln und Kaffee trinken bekannt und beliebt. Dass dort für Mountainbike-Fans jeden Alters geradezu paradiesische Zustände herrschen, ist noch nicht überall bekannt. Die nähere Umgebung bietet darüber hinaus einige lohnende Ziele für den Familienausflug.

300 Meter hoch über der Ortsmitte von Bad Wildbad liegt der Ortsteil **Sommerberg**. Die schnellste, umweltschonendste und auch reizvollste Art hinaufzukommen, ist die *Sommerbergbahn*. Sie verkehrt seit 1908 auf dieser Strecke und ist eine der wenigen Standseilbahnen in Baden-Württemberg. Die Wagen bieten genügend Platz, um auch Fahrräder mitzunehmen.

Bergauf mit der Sommerbergbahn…

…und bergab auf dem Bike

Das ist insofern wichtig, als der Sommerberg ja inzwischen nicht mehr nur bei Wanderern und Skifahrern zum beliebten Ausflugsziel zählt. Die neue Attraktion des Sommerbergs heißt **Bikepark**; und der lässt nun wirklich keine Wünsche offen. Direkt an der Bergstation beginnt eine der beiden Downhill-Strecken. Insgesamt umfasst das Angebot zwei Downhill-Strecken (mit 200/220 Meter Gefälle und 1,5/1,7 Kilometer Länge), zwei Freeride-Strecken (mit je 200 Meter Gefälle und 1,4/1,7 Kilometer Länge), einen Dual-Slalom (mit 40 Meter Gefälle auf 300 Meter), einen Biker-X (mit 80 Meter Gefälle auf 700 Meter) sowie einen Parcours (mit 5 Meter Gefälle auf 250 Meter Länge). Letzterer liegt unmittelbar neben der Bergstation des Skilifts, die bewirtet ist (kein Ruhetag) und auch einen kleinen Sandspielplatz und eine Schaukel hat. Sie eignet sich zum Aufenthalt für nicht radelnde Familienmitglieder und für die kleinen Geschwister. Größere können solange im Parcours üben, geübte ältere entlang der beiden Skilifte abfahren. Eine Altersbegrenzung nach oben oder unten gibt es nicht. Allerdings sind die Downhill-Strecken nicht für Anfänger geeignet. Jeder trägt die Verantwortung selbst. Vorgeschrieben sind Helm, Rückenprotektor, Ellenbogen- und Knieschützer. All dies kann an der Bike-Station „Bikers Paradise“ ausgeliehen werden. Wer allerdings eines der Räder leihen möchte, sollte vorher anrufen, an guten Wochenenden sind sie alle draußen. Darüber hinaus werden hier Reparaturarbeiten gemacht, Fahrtechnikkurse angeboten und allerlei „Events“ organisiert.

Wer stattdessen oder auch zusätzlich ein bisschen wandern will, ist natürlich hier oben ebenfalls richtig. Es gibt ein Faltblatt mit sechs verschiedenen Rundwanderungen von 2,5 bis 12 Kilometer Länge. Die kleinste übrigens führt am Waldspielplatz (u. a. mit einer Tischtennisplatte und einer Hütte mit Grillplatz) sowie an der oben erwähnten, bewirtschafteten Bergstation des Skilifts vorbei. Eine weitere Einkehrmöglichkeit ist natürlich auch das „Sommerberghotel“ an der Bergstation der Seilbahn.

Wer die Gelegenheit nutzen will, etwas über das für den Schwarzwald früher so wichtige Flößergewerbe zu erfahren, sollte noch einen Besuch im **Heimat- und Flößermuseum** einplanen, das in Bad Wildbad-**Calmbach** liegt. Mit Hilfe detailgetreuer Miniaturen, zahlreicher Bilddokumente und lebensnaher Figuren gibt es nicht nur Einblick in die Geschichte der Flößerei, sondern auch in andere historische Lebens- und Arbeitsweisen des nördlichen Schwarzwalds.

Zum Einkehren hier bietet sich der Gasthof „Kleinenzhof“ im Kleinenztal an, der die Auszeichnung *„Familien-Restaurant“* für seine familienfreundliche Gastronomie erhalten hat und wo ein *Wildgehege* mit Rotwild angeschlossen ist.

Wie kommt man nach Bad Wildbad?
Per Bahn: Bad Wildbad ist Bahnstation. Etwa zweimal im Jahr ist es auch mit dem Dampfzug zu erreichen. Auskünfte darüber erhält man bei den Ulmer Eisenbahnfreunden e. V. (s. Infos zu Kapitel 30 „Schwarzwald unter Dampf").

Per Pkw: A 8, Ausfahrt Pforzheim-West (Nr. 43), dann die B 294 Richtung Freudenstadt bis Calmbach, dort der Ausschilderung nach Bad Wildbad folgen. Wer im Parkhaus Stadtmitte parkt, erhält gegen Vorlage des Parkausweises eine Ermäßigung auf den Fahrpreis der Sommerbergbahn.

Sommerbergbahn

Infos:	Telefon 0 70 81/33 94 oder Reise- und Verkehrsbüro s. u.

Bikepark auf dem Sommerberg

Infos:	STADA-Radsportakademie, König-Karl-Straße 7, 75323 Bad Wildbad, Telefon 0 70 81/92 50 80, Fax /92 50 89;
e-Mail:	info@stada-radsportakademie.de
Internet:	www.bikepark-bad-wildbad.de
weitere Infos:	Bikers Paradise, Peter-Liebig-Weg 10, 75323 Bad Wildbad, Telefon 0 70 81/38 01 20 (mittwochs bis sonntags 10.00 bis 19.00 Uhr), Fax /38 01 21;
e-Mail:	info@bikersparadise.org
Internet:	www.bikersparadise.org

Wie kommt man nach Calmbach?
Per Bahn: Ab Pforzheim mit der S 6 nach Calmbach.

Per Pkw: A 8, Ausfahrt Pforzheim-West (Nr. 43), dann immer auf der B 294 Richtung Freudenstadt bleiben.

Heimat- und Flößermuseum
Bergstraße 1, 75323 Bad Wildbad (Stadtteil Calmbach)

Geöffnet:	sonntags 14.00 – 17.00 Uhr Gruppen auch werktags nach Vereinbarung;
Infos:	Flößermuseum, Telefon 0 70 81/7 88 61;
weitere Infos:	Reise- und Verkehrsbüro Wildbad GmbH, König-Karl-Straße 7, 75323 Bad Wildbad, Telefon 0 70 81/1 02 80, Fax /1 02 90;
e-Mail:	reise-verkehrsbuero@bad-wildbad.de
Internet:	www.bad-wildbad-tourismus.de

Wie kommt man ins Kleinenztal?
Per Pkw: Der „Kleinenzhof“ liegt etwa 5 Kilometer nach Calmbach und ist ausgeschildert.

Einkehr:	Gaststätte „Kleinenzhof“ (dienstags Ruhetag), Telefon 0 71 81/ 34 35, Fax /37 70;
e-Mail:	info@kleinenzhof.de
Internet:	www.kleinenzhof.de

Kartentipps:
1 : 50 000 TOP Blatt 3 Wildbad, Freudenstadt
1 : 25 000 TOP 7217 Wildbad
1 : 30 000 ATLASCO Bad Herrenalb – Bad Wildbad

Tipps:
Wer Spaß an der Seilbahn hatte: Auch in Baden-Baden gibt es Ähnliches: Die „Merkur-Bahn“ auf den Merkur, den „Hausberg“ Baden-Badens. Infos s. Kapitel 6 („Das Teufelchen vom Sagenweg“).

Weitere familienfreundliche Restaurants (s. auch Einleitung), nicht nur im Schwarzwald, findet man im Internet unter www.familien-restaurant.de.

10 Endlich Frühling!

Zur Krokusblüte nach Zavelstein

Das im Tal liegende Bad Teinach und das drei Kilometer oberhalb davon liegende Zavelstein gehören zusammen und bieten auf engem Raum alles, was zu einem wunderschönen Ausflug gehört. Teinach hat das Wasser, Zavelstein die Krokusblüte. Im zeitigen Frühjahr führt der Weg deshalb erst einmal nach oben.

Zavelstein, das lange Zeit kleinste Städtchen Württembergs, verdankt sein Stadtrecht dem „Überfall in Wildbad" (1367). Was es damit auf sich hatte, schilderte Ludwig Uhland 1815 im gleichnamigen Gedicht: Wie Graf Eberhard von Württemberg, der auch die Beinamen „Greiner" und „Rauschebart" hatte, beim Kuren in Wildbad heimtückisch von den Schleglern, einer Raubritterbande, überfallen werden soll, aber mit Hilfe eines Hirten noch rechtzeitig fliehen kann und in Zavelstein Aufnahme findet. (S. hierzu auch „Graf Eberhard der Rauschebart" aus dem Verlag Fleischhauer & Spohn.)

Nachdem Zavelstein den Bauernkrieg und auch den Dreißigjährigen Krieg ziemlich unbeschadet überstanden hatte, wurde es 1692 vom französischen General Melac fast vollständig niedergebrannt. Trotzdem säumen heute stattliche, gepflegte Fachwerkhäuser den Weg zur Burg. Diese war um 1200 durch die Grafen von Calw als Vogtsburg erbaut worden und ging bis zu ihrer Zerstörung durch mehrere Hände. Geblieben ist der 28 Meter hohe Bergfried, von dem man bei klarem Wetter eine herrliche Aussicht über die ganze Albkette vom Hohenstaufen bis zur Achalm bei Reutlingen hat.

Zwischen Burg und „Städtle" ist noch ein Kinderspielplatz gelegen. Wandern kann man dann direkt von der **Burg** in Zavelstein aus, da das Auto ja sowieso schon im Ort oder an der „Krokusstraße" abgestellt ist. Plant man diese Wanderung im zeitigen Frühjahr, kann man durch ein unvorstellbares Meer von wilden Krokussen gehen. Denn hier und in den Gemeinden Sommenhardt, Lützenhardt, Rotenbach und Emberg finden sich die einzigen Flächen in Süddeutschland, wo der Krokus wild wächst. Warum gerade hier, das ist nicht so richtig geklärt. Es gibt eine Sage, nach der einer der Burgherren von Zavelstein von seinen Reisen Krokusse mitgebracht haben soll und sie dann irgendwann irgendwie ausgewildert wurden. Der erste urkundliche Beleg der Zavelsteiner Krokusse jedenfalls geht auf das Jahr 1825 zurück!

Im Hof der Burg Zavelstein

Nach dem Besuch von Burg und Altstadt, biegt man rechts (schräg gegenüber) in die „Schulstraße“ ein und folgt der *rotschwarzen Raute* des Ostwegs bergauf in Richtung *Wanderheim*. Nach ungefähr einem Kilometer gabelt sich der Weg, links ist das rote Haus des **Wanderheims**, eine öffentliche Gaststätte (montags Ruhetag), sichtbar. Wir gehen geradeaus weiter, der *rotschwarzen Raute* nach bergab. Am Zavelsteiner Brückle überqueren wir den Rötelbach und folgen dem Weg mit der *gelbblauen Raute*, dem „Rötelbachweg“, nach rechts in den Wald. Der Weg verläuft zuerst wenige Meter oberhalb des Bachlaufs, führt aber bald direkt ans Wasser. Die roten Lehme des Bachgrunds sind Verwitterungsprodukte des Buntsandsteins. Eine ganze Zeit lang folgt man dem romantischen Bachlauf, bis der Weg über große Sandsteinblöcke noch einmal die Seite wechselt und ein kurzes Stück in Richtung Lützenhardt (mit der *gelbblauen Raute* als Markierung) steil bergauf geht.

Schließlich verlässt man den Wald, gelangt an den Ortsrand von Lützenhardt und geht entlang der „Birkenwaldstraße“ nach **Sommenhardt**. Im Ort hält man sich rechts. biegt in die „Calwerstraße“ ein, folgt wiederum der Ausschilderung *„Wanderheim“* und gelangt so über die „Schulstraße“ zurück zur **Burg**, dem Ausgangspunkt der reizvollen, aber *nicht kinderwagengeeigneten* kleinen Wanderung.

Bad Teinach ist durch seine Mineralquellen bekannt, die sowohl zum Baden als auch zum Trinken geeignet sind. 1345 wurden sie zum ersten Mal urkundlich erwähnt. Der Sage nach soll ein verwundeter Hirsch, der in den Quellen badete, einen Jäger auf die besondere Beschaffenheit dieses Wassers aufmerksam gemacht haben. Bereits im 16. Jahrhundert war Teinach für seine Trink- und Badekuren bekannt und wurde, nach seiner Glanzzeit im 17. Jahrhundert, 1835 sogar königliches Bad. Seit 1924 gehören alle Kureinrichtungen, Trinkhalle und Kurgarten der Mineralbrunnen Überkingen-Teinach AG.

Die Betriebseinrichtungen der Trinkwasserabfüllung können donnerstags kostenlos von einem Glasumbau aus besichtigt werden, und es ist sicher nicht nur für Kinder interessant, einmal zu sehen, wie das Wasser in die Flasche kommt.

Wie kommt man nach Bad Teinach-Zavelstein?
Per Bahn: Mit dem Zug bis Bad Teinach. Busverkehr ab Bahnhof in den Ort und nach Zavelstein durch Firma Teinachtal-Reisen (Telefon 0 70 53/9 69 60).

Per Pkw: Von Calw auf der B 463 Richtung Nagold, kurz hinter Calw, beim Bahnhof Bad Teinach, rechts ab zum Ortsteil Zavelstein. Ausgangspunkt: Parkplätze an der Krokusstraße oder auf dem Marktplatz in Zavelstein.

Weglänge: ca. 7,5 km

Mineralbrunnen Überkingen-Teinach AG
Badstraße, 75385 Bad Teinach-Zavelstein (in Bad Teinach, nahe Kurhaus und Kurverwaltung)

Betriebsbesichtigung: donnerstags 10.30 Uhr
Gruppen nach Vereinbarung, Treffpunkt: Haupteingang der Mineralbrunnen AG;

Eintritt: frei

Infos: Telefon 0 70 53/92 62-0

Bergfried Burg Zavelstein

Geöffnet: im Sommer bzw. bei gutem Wetter täglich begehbar

weitere Infos: Kurverwaltung Bad Teinach-Zavelstein, Otto-Neidhardt-Allee 6, 75385 Bad Teinach-Zavelstein, Telefon 0 70 53/9 20 50 40, Fax /9 20 50 44;

e-Mail: teinachtal@t-online.de

Internet: www.teinachtal.de

Kartentipps:
1 : 50 000 TOP Blatt 3 Wildbad, Freudenstadt
1 : 30 000 Örtliche Wanderkarte Teinachtal

11 Ein Höcker oder zwei? Himmel oder Hölle?

Zum Kamelhof Rotfelden, und nach Berneck und Altensteig

Hat das Kamel nun einen Höcker oder zwei? Das herauszubekommen ist vielleicht ein Grund, zum Kamelhof Rotfelden zu fahren, sicher aber nicht der einzige. Gut verbinden lässt sich dieser Ausflug mit Berneck und Altensteig zu einem erlebnisreichen Tag im nördlichen Schwarzwald.

„Kamel" ist eigentlich nur ein Überbegriff. Man unterscheidet das Trampeltier, das seine Heimat in Asien hat, und das Dromedar, das in Afrika und Indien zu Hause ist, und dann gehören noch die weni-

Drei, die sich gut verstehen

ger bekannten Arten Lama, Alpaka, Guanako und Vikugna aus Amerika dazu. Von Europa, und erst gar vom Schwarzwald, ist da nirgends die Rede. Und doch ist es ganz und gar keine Fata Morgana, wenn man sie hier in **Rotfelden** (nahe Altensteig) unversehens vor ihren im orientalischen Stil gehaltenen Ställen auf der Koppel sieht.

Im **Kamelhof** können Kinder, anders als in Zoos, einmal ganz nah an diese wunderschönen Tiere herankommen, die verschmust und immer für Streicheleinheiten zu haben sind. Sie können bei der Pflege und bei der Dressur zusehen und sie können auf ihnen reiten. In den Ferien wird sogar täglich Kamelreiten für Kinder angeboten. Wichtig ist aber auch Wissen über diese Tiere und ihre Bedürfnisse zu vermitteln, schließlich ist es ein wesentliches Ziel des seit Mai 2002 bestehenden Hofs, Kamelfreunde zu gewinnen.

Für Kinder und Eltern gleichermaßen interessant ist das Angebot, hier auch herrliche Kindergeburtstage zu feiern. Wahlweise mit und ohne Reiten. Wird geritten, darf das Geburtstagskind frei reiten.

Neuerdings können Jugendgruppen oder Familien in den Sommermonaten in einfachen Unterkünften übernachten. Wer mehr über den Kamelhof und die Kamele erfahren will, schaut am besten in die Homepage (s. u.). Auch eine individuelle Anfahrtsbeschreibung lässt sich dort erstellen. Außerdem gibt es den Link „Kids Kamel“ mit Buchtipps, Rätseln, Spiel- und Bastelideen für Kinder.

Berneck ist inzwischen längst nach Altensteig eingemeindet. Für die, die mit dem Auto da sind, ist es aber allein wegen seiner überaus reizvollen Lage, lang gestreckt, schmal, einen ganzen Bergsporn hinauf und mit mittelalterlicher Stadtanlage aus dem 12. Jahrhundert, allemal einen Abstecher wert.

In **Altensteig** dagegen soll die zweite Frage beantwortet werden. Himmel oder Hölle? Was hat es denn damit auf sich? Altensteig, das namentlich um 1100 zum ersten Mal erwähnt wurde, war Vogtei (also Sitz eines Richters) und deshalb gab es auch immer wieder Gefangene. Untergebracht wurden sie dann im Wehrturm des *Schlosses*. Je nach der Schwere ihres Verbrechens allerdings unterschiedlich. In der „Hölle“, das war ein dunkles, tief in den Boden eingelassenes Verlies oder im „Himmel“, nämlich ganz oben im Turm, wo die Zellen trocken waren und sogar beheizt werden konnten. Das ist jedoch nur ein Aspekt im Schloss, das ein sehenswertes *Heimatmuseum* beherbergt.

Blick auf Altensteig

Was es in Altensteig sonst noch zu sehen gibt, das erschließt der Rundweg „Alte Meile“, zu dem es auch ein Faltblatt gibt. Den schönsten Blick auf die hübsche Altstadt gibt's vom Aussichtspunkt am gegenüberliegenden Hügel. Wer an einem heißen Sommertag hier ist, findet ganz in der Nähe auch noch einen hübschen kleinen Badesee (s. Kapitel 31 „Nix wie rein!“).

i

Kamelhof Rotfelden
Kamelweg 1, 72224 Rotfelden

Wie kommt man hin?
Per Bahn: Mit dem Zug nach Horb, dann mit dem Bus Richtung Nagold.

Per Pkw: A 81, Ausfahrt Herrenberg (Nr. 28), dann B 28 Richtung Nagold, Altensteig.

Geöffnet:	mittwochs bis freitags	13.00 – 17.00 Uhr
	samstags, sonn- und feiertags	11.00 – 17.00 Uhr
	dienstags für spezielle Gruppen nach Anmeldung	
Eintritt:	Erwachsene	EUR 5,00
	Kinder	EUR 1,50
	Kindergeburtstag insgesamt für alle Kinder EUR 12,00 (einschließlich zwei erwachsener Begleitpersonen), mit Dia-Einführung zusätzlich EUR 10,00, Reiten pro Kind zusätzlich EUR 1,50. Anmeldung erforderlich.	
e-Mail:	info@kamelhof.de	
Internet:	www.kamel.de	

Wie kommt man nach Berneck und Altensteig?
Per Pkw: S. o., weiter auf der B 28, Ausschilderung beachten.

Schloss Altensteig

Geöffnet:	Oktober bis April	
	mittwochs	14.00 – 16.00 Uhr
	sonntags	11.00 – 12.00 Uhr
	und	14.00 – 16.00 Uhr
	Mai bis September	
	zusätzlich sonntags	bis 17.00 Uhr
Infos:	Verkehrsamt Altensteig, Rosenstraße 28, 72213 Altensteig, Telefon 0 74 53/66 33, Fax /33 32 49;	
e-Mail:	info@altensteig.de	
Internet:	www.altensteig.de	

In Enzklösterle

Enzklösterle hat für jedes Alter und jeden Geschmack etwas zu bieten: Spaß und „Action" auf dem Adventure-Golfpark und der Riesenrutsche, „Natur pur" beim Entdecken des Urwalderlebnisses Bärlochkar. Altes Waldgewerbe kann man im Rohnbachtal kennen lernen und in der KRIPPENA 2000, die größte handgeschnitzte Weihnachtskrippe der Welt sehen. Familien können sich hier ihren ganz speziellen Ausflugstag zusammenbasteln.

Das „Klösterle an der Enz", ein kleines Frauenkloster des Benediktinerordens, von dem Enzklösterle seinen Namen hat, gibt es längst nicht mehr. Zusammen mit den lang gezogenen Ortsteilen Poppeltal, Gompelscheuer und Nonnenmiß ist Enzklösterle heute Kur- und Urlaubsort mit vielen Freizeiteinrichtungen.

Minigolf einmal ganz anders in Enzklösterle

Mit Schwung ins Ziel

Neu und bei Familien bereits sehr beliebt ist der **Adventure-Golfpark**, ein ganz besonderes Minigolf-Erlebnis. Gespielt wird auf Bahnen, die aus typischen Materialien des Schwarzwalds gebaut wurden und der Landschaft nachempfunden sind. Eine heißt zum Beispiel „Poppeltal". Hier muss der Ball einem nachgeahmten Talverlauf folgen, im „Enzwald" dagegen muss sich der Ball seinen Weg um Baumstämme herum ins Loch suchen.

Bekannt und beliebt ist die **Riesenrutsche** im Ortsteil **Poppeltal**, die längste, ungebremste Sommerrodelbahn Deutschlands. Rund um sie herum ist zudem ein **„Kinder-Mini-Freizeitpark"** entstanden. Allerdings müssen hier alle „Attraktionen" einzeln bezahlt werden. Versorgen kann man sich entweder selbst an der Grillstelle, oder man kehrt in die „Poppelmühle" (kein Ruhetag) ein, die Erlebnis- und Freizeitgasthof und zugleich Museum ist.

Ein bisschen Wandern sollte auf einem Ausflug in den Schwarzwald nicht fehlen. **Urwalderlebnis Bärlochkar** nennt sich ein neu ausgewiesener Rundweg durch den Bannwald. Auf teilweise schmalen und moosüberwachsenen Wegen wird anschaulich gezeigt, dass „Wald" nicht nur eine zufällige Ansammlung von Bäumen ist. Die Anfahrt dort hin ist ausgeschildert.

Das Bärlochkar ist als Bannwald ausgewiesen, denn es soll sich zum „Urwald von Morgen" entwickeln. Wie das Leben im Bannwald aussieht, wird am sieben Stationen des Rundwegs anschaulich gezeigt. Auch einen Flyer gibt es dazu. Der Ausgangs- und Endpunkt des Rundwegs, oberhalb der Forellenzuchtanlage Petersmühle ist leicht zu finden, folgt man den Schildern mit der *gelben Bärentatze*.

Für Gruppen ließe sich übrigens auch eine Führung durch die Forellenzuchtanlage mit anschließendem Forellenschmaus organisieren (nach telefonischer Absprache unter 0 70 85/74 31).

Danach lohnt noch ein Besuch im **Rohnbachtal**, wo u. a. eine alte „Erdriese" (zur Erklärung s. Kapitel 23 „Auf den Spuren der Flößer") angeschaut werden kann. Dafür sollte der *Wanderparkplatz Rohnbachtal* angefahren werden. Der am Hang darunter, zwischen Waldrand und Bach gelegene Kinderspielplatz verfügt über Schaukeln, Rutschbahn und Sandplatz.

Was man mit Holz in kreativer Hinsicht alles machen kann, das zeigt die Schnitzerstube **Krippena 2000**, wo die ganze Arche Noah, vor allem aber die größte handgeschnitzte Weihnachtskrippe der Welt zu sehen ist.

Wie kommt man nach Enzklösterle?
Per Pkw: Von Pforzheim auf der B 294 nach Calmbach, dort rechts nach Wildbad, weiter bis Enzklösterle.

Adventure-Golfpark

Geöffnet:	Mai bis Anfang Oktober	
	montags bis freitags	14.00 – 18.00 Uhr
	samstags, sonn- und feiertags	10.00 – 18.00 Uhr
	(bei schlechtem Wetter geschlossen)	
Eintritt:	Familienkarte (2 Erwachsene und beliebig viele eigene Kinder)	EUR 8,00
Internet:	www.adventure-golfpark.de	

Riesenrutsche in Enzklösterle-Poppeltal

Geöffnet:	März bis Oktober (bei trockenem Wetter)	
	täglich	10.00 – 20.00 Uhr
Eintritt:	Erwachsene	EUR 3,00
	Kinder (ab 8 J.)	EUR 2,50
	Kinder (unter 8 J.) nur in Begleitung Erwachsener	
Infos:	Telefon 0 70 85/78 12, Fax /92 03 09;	
e-Mail:	info@riesenrutschbahn.de	
Internet:	www.riesenrutschbahn.de	

Urwelterlebnis Bärlochkar in Enzklösterle Rohnbach

Weglänge:	3 km
Geöffnet:	frei zugänglich
Infos:	...und Faltblatt erhält man beim Verkehrsamt Enzklösterle (s. u.)

Rohnbachtal

Von Gompelscheuer her erreicht man das Rohnbachtal, wenn man nach der Forellenzuchtanlage und dem Ortsschild „Enzklösterle“, einem (allerdings unauffälligen) Wegweiser nach links ins „Rohnbachtal“ folgt. An einem Familien-Freizeitheim geht es vorbei zum Wanderparkplatz.

Weglänge:	ca. 7,5 km
Infos:	Kurverwaltung Enzklösterle, Friedenstraße 16, 75337 Enzklösterle, Telefon 0 70 85/75 16, Fax /13 98;
e-Mail:	info@enzkloesterle.de
Internet:	www.enzkloesterle.de

Schnitzerstube Krippena 2000

Theo Gütermann, 75337 Enzklösterle/Schwarzwald, Inhaberin: Natalie Wagner

Infos:	Telefon 70 85/74 55, Fax /74 81;
e-Mail:	info@krippena2000.de
Internet:	www.krippena2000.de

Kartentipp:

1 : 50 000 TOP Blatt 3 Wildbad, Freudenstadt

Tipp:

Familien, die ihren Spaß vor allem an der Riesenrutschbahn hatten, können den Ausflug nach Bühl (s. Kapitel 15 „Pirsch rund um Burg Windeck“) auch mit einem Abstecher zur Bobbahn Mehliskopf (an der Schwarzwaldhochstraße, in der Nähe von Sand) verbinden.

Erlebnispfad Seewald-Besenfeld

Wer will Felix den Fuchs und alle seine Freunde kennen lernen? Wer kann all die Scherzfragen beantworten, bei denen man „um die Ecke“ denken muss? Etwas über den Wald und seine Tiere erfahren, viele Ideen zum Spielen und Basteln bekommen? Und anschließend noch baden gehen?

„Felix“ weist uns den Weg

Der Luftkur- und Erholungsort Seewald besteht aus elf(!) Teilorten. Bis auf einen liegen sie alle inmitten von Waldinseln auf der ebenen Hochfläche der Schwarzwaldrandplatten. Die einzige Ausnahme ist der Ortsteil Erzgrube an der Nagoldtalsperre „Erzgrube", dem größten Stausee Baden-Württembergs (s. Kapitel 31 „Nix wie rein!"). Hierher kann man nach der Tour zum Baden gehen.

Den **Natur-Erlebnispfad** mit „Felix, dem Seewaldfuchs" findet man von Freudenstadt her kommend am Ortseingang von (Seewald-) **Besenfeld.** Und er ist kein Lehrpfad wie manch anderer. Nicht, weil er mit Blick auf die große Rodungsinsel knapp hinter dem Waldrand verläuft und somit auch an heißen Sommertagen gut begehbar ist, und nicht, weil er eigentlich ganz gut für Kinderwagen geeignet ist. Er macht Spaß, weil er anders als die anderen ist. „Er gehört mir und andere brauchen ihn mehr als ich. Wer ist das?" „Welche Meise hat sechs Beine?" 44 derartige Scherzfragen sind auf dem 8 Kilometer langen Rundweg verteilt und sorgen für Gesprächsstoff. 17 Tafeln informieren zudem über Tiere und Pflanzen. Noch mehr Spaß macht der Rundweg, wenn man sich vorher die für Kinder gedachte, umfang- und ideenreiche Sammelmappe (Schutzgebühr EUR 3,50) geholt hat. Sie erzählt von allen „Freunden" von Felix, wie sie leben, was sie fressen, enthält aber auch Gedichte, Rätsel, Spielideen, Bastelanleitungen und Geschichten. Wer unter der Woche kommt, kann gegen Kaution sogar den „Erlebnisrucksack" ausleihen, der alles das enthält, was man braucht, um das eine oder andere davon gleich unterwegs umzusetzen.

i *Natur- und Erlebnispfad „Auf den Spuren von Felix dem Seewald-Fuchs"*

Wie kommt man nach (Seewald-)Besenfeld?
Per Bahn: Bis Freudenstadt, dann Buslinie zwischen Freudenstadt und Pforzheim.

Per Pkw: A 81, Ausfahrt Herrenberg (Nr. 28), über Nagold und Altensteig.

Oder A 8, Ausfahrt Pforzheim West (Nr. 43) über die B 294 Richtung Freudenstadt.

Der Pfad entspricht dem „Rundweg Nr. 1". Beginn am Parkplatz am Ortsende, Richtung Freudenstadt.

Weglänge:	8 km
Rucksack:	Für eine Kaution von EUR 10,00 erhältlich (und zurück zu geben) im Rathaus, wochentags 9.00 bis 10.00 Uhr und 15.00 bis 17.00 Uhr.
Infos:	Seewald-Touristik, Wildbader Straße 1, 72297 Seewald, Telefon 0 74 47/94 60 11, Fax /94 60 15; Infomappen gibt es auch in den Hotels und Gaststätten zu kaufen.
e-Mail:	gemeinde@seewald-schwarzwald.de
Internet:	www.seewald-schwarzwald.de

14 Abenteuer Gertelbachfälle

Wandern mit Spaß durch die Gemarkung Bühlertal

Kindern macht der Weg durch die Gertelbachfälle ganz einfach viel Spaß. Punkt. Das allein ist eigentlich genug Begründung für diesen Ausflug zu einer der schönsten Schluchten des Nordschwarzwalds. Trotzdem – auch die nähere Umgebung lohnt es, erkundet zu werden.

Das **Bühlertal** als Region ist vielen Familien wahrscheinlich von den frühen „Bühler Zwetschgen" her geläufig, den Erwachsenen zudem durch deren Schnäpse und die guten Weine. Um einen der bekanntesten Weine, den „Affentaler" rankt sich übrigens eine nette Sage, die nicht unerzählt bleiben darf:

Wein wurde schon im 12. Jahrhundert durch das Zisterzienserkloster Lichtental angebaut, und zwar in einem Tal, wo die Glocke einer kleinen Kapelle zum täglichen „Ave Maria" rief. So kam es, dass die Leute es das „Ave-Tal" nannten. Später wurde daraus erst „Afental" und schließlich „Affental".

Ob mit öffentlichem Verkehrsmittel oder mit dem Familienauto, die Wanderung hat den **Wanderparkplatz** am **Ortsende von Bühlertal** zum Ausgangs- und Endpunkt. Dem Schild *„Wasserfälle"* folgend, geht man zunächst die noch asphaltierte „Gertelbachstraße" bergan. Nur ein kurzes Stück relativ steil, verläuft sie bald eben und oberhalb des Wiedenbachs mit einer *blauen Raute* als Markierung. Erst am bald erreichten **„Haus Gertelbach"** beginnt der eigentliche Weg in die Fälle. Der Weg führt mal links, mal rechts am Wasser entlang, verbunden durch zahlreiche Stege und Brücken. Kaum ein Kind wird die Gelegenheit verstreichen lassen, auf den Felsen herumzuklettern, das Wasser zu stauen oder Schiffchen und Rindenstücke auf die Reise zu schicken. Zwischen großen Granitblöcken sucht sich das Wasser mit unzähligen kleinen Wasserfällen und Kaskaden seinen Weg ins Tal.

So „arbeitet" man sich nach oben vor, bis man am Ende fast unvermittelt vor der 1972/73 erbauten „Gertelbach-Hütte" des Schwarzwaldvereins steht. Von hier hat man einen wunderschönen Blick auf die Gertelbach-Wasserfälle, die über mehrere Stufen in Kaskaden nahezu 70 Meter tief hinab stürzen. Wer mag, kann es auch bereits hier gut sein lassen und auf dem kurzen Rundweg (mit *gelbem Punkt* als Markierung) den Rückweg antreten.

Doch, wie gesagt, es lohnt sich, noch weiter zu gehen, den langen Rundweg einzuplanen, der den Ausflug leicht zu einer tagesfüllenden Sache macht. Er ist mit einem *weißen Punkt* bezeichnet und führt zunächst weiter hinauf, ganz bis ans obere Ende der Fälle.

So macht Wandern Spaß

Das nächste Ziel, vom oberen Ende nur wenige Meter entfernt, sind die *Wiedenfelsen,* eine beeindruckende Felsformation. Sie haben die für den Granit so charakteristischen abgerundeten Ecken, wegen derer die Geologen ganz plastisch sagen, der Granit verwittere zu „Wollsäcken". Bei klarem Wetter hat man von hier aus übrigens auch eine weite Sicht über das gesamte Bühlertal und in die Rheinebene, vielleicht sogar bis ins benachbarte Elsass. Neues Etappenziel ist nun die „*Hertha-Hütte*". Das ist eine unbewirtschaftete, malerisch oben auf dem Falkenfelsen erbaute Schutzhütte, die sich gut zum Picknicken eignet und den Blick zurück zur Gertelbachschlucht ermöglicht. Allzu

Brücke über die Gertelbachfälle

lange wird man sich trotzdem nicht aufhalten, ein letztes Ziel gilt es nämlich noch anzusteuern: die *Kohlbergwiese*.

Dazu geht man zunächst einmal zurück zur Fahrstraße; erst dann links bergab. Etwas später, nach einer Rechtskurve, gibt es von diesem Fahrsträßchen eine Abkürzung links den Wald hinunter, die direkt auf den Hof des **Gasthofs „Kohlbergwiese"** (montags Ruhetag) führt. Sie ist ein kleines Paradies mitten im Wald, wo sich Kinder an einem der zahlreichen zum Gasthaus gehörenden Spielgeräte und auf der Wiese so richtig austoben können.

Ein bisschen Kondition aber muss übrig bleiben, die braucht man für das letzte Wegstück, das zwar nur noch bergab führt, aber auch nicht so ganz kurz ist. Durch den Hof des Gasthofs, vorbei am Hundezwinger, findet man rasch zum letzten Pfad des heutigen Ausflugs. Er führt hinunter zum **Wanderparkplatz**, wo sich die Runde schließt.

i

Wie kommt man nach Bühlertal?

Per ÖPNV: Wer mit der Bahn anreist, fährt bis Bahnhof Bühl und von dort mit dem Bus 263 bis Haltestelle „Gertelbachstraße", wo sich auch der Wanderparkplatz befindet. Eine weitere Haltestelle der Linie 263 gibt es am Wiedenfelsen, so dass die Wanderung auch verkürzt werden kann. Fahrpläne der Buslinie sind in der Tourist-Information kostenlos erhältlich.

Per Pkw: A 5, Ausfahrt Bühl (Nr. 52), Richtung Bühlertal/Schwarzwaldhochstraße. Am Ortsende (von Bühlertal) Richtung Sand rechts ab auf den Wanderparkplatz.

Man erreicht den Ausgangspunkt dieser Wanderung auf der Verbindungsstraße, die die B 462 bei Raummünzach mit der B 500 beim Hotel „Sand" verbindet. Von dort aus geht es in Richtung Bühlertal, wo man gleich am Ortseingang in einer scharfen Kehre nach links auf den Wanderparkplatz gelangt.

Weglänge:	Kurzer Rundweg (gelber Punkt): 4,5 km Langer Rundweg (weißer Punkt): 9 km
Infos:	Tourist-Information Bühlertal, Hauptstraße 92, 77830 Bühlertal, Telefon 0 72 23/99 67-0, Fax /7 59 84;
e-Mail:	vv-buehlertal@t-online.de

i

Internet: www.buehlertal.de

Kartentipp:
1 : 50 000 TOP Blatt 2 Baden-Baden, Hornisgrinde

Gesundes aus dem Rucksack (für unterwegs)

Auf dem Walderlebnispfad in Bühl

Ein besonders abwechslungsreicher Naturerlebnispfad, eine Burg, ein Abenteuerspielplatz? Und alles ganz nah beieinander? Das sind gleich drei gute Gründe auf einmal für einen Ausflug nach Bühl, zur Burg Windeck hinauf.

Burg Windeck

Was unterscheidet den *„Walderlebnispfad Burg Windeck"* so von anderen, dass auch eine weitere Anfahrt lohnt? Es gibt so vieles, dass man fast wieder überlegen muss, wo anfangen. Drei Stationen sind besonders spannend. In einer geht es um Tierspuren. Entlang einem Sandbett sind Tafeln von verschiedenen Tieren angebracht, mit Angaben, wie weit sie springen können. Wer in der Familie springt am weitesten und wie weit ist das im Vergleich zu den Tieren? Auch ein verkürzter „BarfussPark" (s. Kapitel 28 „Zeigt her eure Füße...") mit verschiedenen Bodenbelägen findet sich. Und es gibt den Jägersteig, wo überall aus Sperrholz ausgesägte Tierschattenrisse versteckt sind – wer hat am Ende die meisten Tiere entdeckt? Schön auch die Anregungen für Spiele im Wald, die zugleich das Beobachten schulen: Dann gilt es, etwas zu finden, was der Wind fortträgt, etwas das gut riecht, etwas rundes, etwas, was rau ist, oder auch, was ein Eichhörnchen fressen kann...

Der Pfad beginnt und endet am **Parkplatz** von **Burg Windeck**. Er ist gut ausgeschildert, aber *nicht kinderwagengeeignet.*

Die Burg Windeck wurde um 1200 erbaut. Weil sie hoch oben auf dem Berg lag, wo immer viel Wind wehte, nannten die Burgherren sie „Wind-Eck". Von der Burg ging der Name auf die Burgherren über, die sich von da an die Herren von Windeck nannten. Die letzten verließen die Burg Ende des 16. Jahrhunderts und wohnten nun im Schlosshof (heute das Hotel „Badischer Hof") in Bühl. Die Burg aber ist auch als Ruine noch immer sehr imposant und der Blick vom Turm scheint endlos weit...

Man kann bei der Burg auch einkehren: Gehoben und mit fantastischer Sicht im Panorama-Restaurant (mittwochs und samstags Ruhetag) oder rustikal, für ein Vesper oder einen Flammkuchen, im „Pferdestall" (Öffnungszeiten unter Telefon 0 72 23/94 92-0).

Unterhalb der Burg gibt es zudem ein Tiergehege und einen großzügig und spannend angelegten Abenteuerspielplatz.

Wie kommt man zum Walderlebnispfad Burg Windeck?
Per Pkw: Aus Bühl die K 3749 nach Ottersweier. Der Einstieg ist am Parkplatz der Burg Windeck zu finden.

Weglänge: ca. 3 km

Infos: Tourist-Information Bühl, Hauptstraße 92, 77815 Bühl, Telefon 0 72 23/93 53 32, Fax /93 53 39;

Staatliches Forstamt Bühl, Hauptstraße 2k, 77815 Bühl, Telefon 0 72 23/9 46 70;

e-Mail: tourist.info@buehl.de

Internet: www.buehl.de

Tipp:
Im Juli 2001 wurde die Mehliskopf-Bobbahn an der Schwarzwaldhochstraße eröffnet. Die Anlage ist bei jeder Witterung und ganzjährig befahrbar. Über Bremsen ist die Geschwindigkeit dabei selbst wählbar. Im Sommer kann man dort an Wochenenden, in den Ferien oder an Feiertagen auch Mountainbikes ausleihen. Im Winter gibt es am Mehliskopf zudem – genügend Schnee vorausgesetzt – ideale Wintersportbedingungen.

Info: Freizeit- und Sport-Zentrum Mehliskopf, Telefon 0 72 26/13 00, Fax /92 08 71, Telefonische Ansage 0 72 26/4 41 und /4 42;

e-Mail: Mail@Mehliskopf.de

Internet: www.mehliskopf.de

16 Über 13 Brücken musst du gehen…

Durch die Gaishölle in Sasbachwalden

Kinder mögen Wege entlang am Wasser. Am liebsten möglichst „wilde“, so wie den durch die „Gaishölle“. Auch der Rückweg, vorbei an einer Mühle und mit einem Abstecher zu einem Tiergehege, macht Spaß und endet, an einem Sommertag, vielleicht sogar noch im Erlebnisbad.

Sasbachwalden, das Blumen- und Weindorf mit seinen schönen Fachwerkhäusern im Kern gehört zu den familienfreundlichen Orten, das merkt man im Angebot für Kinder, und auch der Ausflug hierher bleibt bestimmt der ganzen Familie in guter Erinnerung.

Ausgangspunkt ist der **Parkplatz** am **Kurhaus „Alde Gott“**. „Alde Gott“, das steht hier schon auf dem Ortsschild und das ist heute der Name für fast den gesamten Weinbaubereich. Er geht zurück auf eine Sage: Am Ende des Dreißigjährigen Kriegs, als die Gegend fast ganz entvölkert war, trafen sich ein Mann und eine Frau. Als der Mann sie sah, war er so froh, dass er gerufen haben soll: „Der alde (= alte) Gott lebt noch“…

Vom *Kurhaus* führt der Weg durch den Kurpark. Links vor dem Pavillon biegt man ab und geht entlang des Schwimmbadzaunes. Ab hier ist der Weg bereits gut ausgeschildert. Er führt zurück in den Außenbereich des Orts, am *Gaishöll Wohn- und Ferienpark* vorbei und dann in den Wald. Dort ist der Einstieg zu den **Gaishöll-Wasserfällen**.

Wie sie zu ihrem Namen kamen, dazu gibt es verschiedene Überlegungen, keine ist gesichert. Am wahrscheinlichsten scheint letztlich die, dass es mit Ziegen (schwäbisch: „Gaisen“) gar nichts zu tun hat, sondern einen vielleicht keltischen Wortstamm hat („cais“ = ein Bach, der durch eine enge, wilde Gegend braust). Und das tut der „Brandbach“ hier auf jeden Fall… Große runde Felsen liegen wild, wie ins Bachbett geschleudert, neben dem Wasser scheinen die Felsen selbst zu Tal gestürzt zu sein. Der Weg windet sich aufwärts hin und her über Brücken, die einen sagen 12, die anderen 13. Des Rätsels Lösung? Eine ist eine Doppelbrücke und jeder kann selbst entscheiden, wie sie zählt.

Am oberen Ausgang der Gaishölle, an der „Ortsstraße“ lohnt noch ein kleiner Abstecher nach links. Hier ist das untere Ende des *Tiergeheges „Bischenberg“*, das sich den Berg hinauf rund um das Gasthaus „Bischenberg“ zieht. Man kann die Tiere füttern und die herrliche Aussicht genießen, bevor man umkehrt und der Straße ein Stück weit wieder talabwärts folgt. In der nächsten leichten Linkskurve kann man sie verlassen und durch die Häuser hindurch

Am Tiergehege Bischenberg

auf einem Wiesenweg unterhalb der Straße weitergehen. Der Weg führt nun vorbei am Ferienhof „Wild" zur Straubenhofmühle.

Die **Straubenhofmühle** war bis 1938 als Getreidemühle in Betrieb. Ihr noch immer funktionsfähiges Rad wird vom Wasser des Sasbachs angetrieben. An einigen Tagen im Sommerhalbjahr, meist während der großen Ferien in Baden-Württemberg, ist sie nachmittags in Betrieb und kann kostenlos besichtigt werden. Wer das machen möchte, sollte sich am besten vorab bei der Tourist-Information die Termine besorgen.

An der Staubenhofmühle

Von hier aus geht es nur noch abwärts. Am Bach entlang, vorbei an Wiesen, Schafweiden und dann am Waldrand, bis man bei der Weinkellerei wieder im Wohngebiet ankommt. An der nächsten Kreuzung biegt man links ab und überquert die Brücke. Rechts nach dem ersten Haus wählt man den rechten Weg. Am *Minigolfplatz* und dem dahinter liegenden kleinen Spielplatz ist der **Ausgangspunkt** am **Kurhaus** erreicht.

Nun schnell die Badesachen geholt und ab ins Erlebnisbad! Eine ideenreiche Wasserlandschaft, die mit umweltfreundlicher Energie auf 24 Grad Celsius erhitzten Becken und die 58 Meter lange Wasserrutsche garantieren Sommerspaß.

Und wer abends dann noch einkehren will, findet ganz in der Nähe eine vielfältige Gastronomie, die von der einfachen Vesperstube bis zum Michelin-Stern alles umfasst und keine Wünsche offen lässt.

Wie kommt man nach Sasbachwalden?
Per ÖPNV: Zug bis Bahnhof Achern, dann weiter mit dem Bus Richtung Breitenbrunnen, Sasbachwalden, Richtung Mummelsee, Seebach oder Richtung Gaishölle, Sasbachwalden.

Per Pkw: A 5, Ausfahrt Achern (Nr. 53), dann ausgeschildert

Erlebnisbad Sasbachwalden

Geöffnet:	Während der Badesaison		
	täglich	8.00 – 20.00Uhr	
Eintritt:	Erwachsene (ab 16 J.)	EUR	2,30
	Kinder (4 bis 15 J.)	EUR	1,50
Infos:	Telefon 0 78 41/69 90 41		
weitere Infos:	Kurverwaltung/Tourist-Informaion, Talstraße 51, 77887 Sasbachwalden, Telefon 0 78 41/10 35, Fax /2 36 82;		
e-Mail:	info@sasbachwalden.de		
Internet:	www.sasbachwalden.de		

Tipp:
In Sasbachwalden-Hohritt, ist das Sunsetland, ein Hochseilgarten für Jedermann (ab 12 Jahre, Minderjährige in Begleitung Erziehungsberechtigter) entstanden. Die Teilnehmer werden vor Aufgaben gestellt, die sie nur gemeinschaftlich, unter aktiver Beteiligung aller, lösen können. Information und Buchung sind über die Kurverwaltung möglich.

Infos: Telefon 0 78 41/29 08 00, Fax /29 08 90;

e-Mail: info@sunsettours.de

Internet: www.sunsetland.de

Qual der Wahl in Ottenhöfen

Nirgendwo sonst findet man auf so engem Raum so viele Mühlen und viele Schwarzwaldhöfe im Kinzigtaler Bauernstil wie in Ottenhöfen. Besonders schön ist es hier im Frühling, wenn die Kirschbäume blühen. Ottenhöfen wäre steinreich, wenn es nach den Felsen ginge, die ebenfalls ganz ungewöhnlich zahlreich auf Gemeindegrund zu finden sind. Wer als Familie nach Ottenhöfen kommt, muss sich also entscheiden, ob die Mühlen oder die Felsen Ziel des Ausflugs sein sollen. Oder wiederkommen...

Die Mühlen sind durch einen Rundweg (in zwei Längen) verbunden. Die Wege dazwischen sind überwiegend asphaltiert. Die Alternative „Felsen" bedeutet Natur pur:

Die Felsen sind durch einen Rundweg verbunden, der aber gut 400 Höhenmeter Differenz aufweist und für kleinere Kinder weniger geeignet ist. Eine Hilfe, hier die familiengeeignete Entscheidung zu treffen, ist es, beide Möglichkeiten einmal vorzustellen.

Ottenhöfen, Luftkurort am Fuße der Hornisgrinde, im obst- und auch rebenreichen Achertal, ist als „Mühlendorf im Schwarzwald" bekannt geworden. Er besitzt neun restaurierte Mühlen, die alle auf dem 15 Kilometer langen „Mühlenrundweg" besucht und zwischen Mai und Oktober auch besichtigt werden können. Und für die, die viel sehen, aber nicht so weit gehen wollen, gibt es eine ungefähr 5 Kilometer lange Kurztour.

Für die **kurze Mühlentour** stellt man das Auto am besten am Ortsrand Richtung Allerheiligen ab. Von der „Allerheiligenstraße" geht rechts der „Blustenweg" ab. Auf ihm beginnt der kleine Mühlenrundweg (markiert mit der Ziffer *5* sowie einem *weißen M*) und führt oberhalb des Lauenbachs auf halber Höhe erst einmal um den Ort herum, dann am Bahnhof vorbei hinaus in das Seitental des Ortsteils Simmersbach und dort Richtung Lauenbach. Die steilen Felder am Hang vermitteln eine Vorstellung davon, wie mühselig Landwirtschaft im Schwarzwald war und ist. Wenn die **„Bühler Mühle"** erreicht ist, laden die Betreiber mit Tischen und Bänken zu einer Vesperpause und am Wochenende auch zu Besichtigungen im kleinen Mühlenmuseum ein.

Von *Lauenbach* geht es, vorbei an weiteren stattlichen Höfen und einem Damwildgehege, im Bogen Richtung *Ottenhöfen* zurück. Gleich an den ersten Häusern biegt der Weg jedoch noch einmal links ab. Er führt zur **„Mühle am Rain"**, die man sich nicht entgehen lassen sollte. Diese rund 180 Jahre alte Getreidemühle ist noch voll

Besichtigung der „Mühle am Rain"

funktionsfähig. Das rasche Wasser der Acher, das über einen Kanal zur Mühle geleitet wird, treibt das Mühlrad (das einen Durchmesser von 4,20 Metern hat) seit eh und je an. Aus Gründen der Wirtschaftlichkeit wird die Mühle nicht mehr gewerblich genutzt. Sie ist zum *Mühlenmuseum* ausgebaut worden. Wer es besichtigt, sollte auf den so genannten „Klöppel" achten, der die Menge des aufs

Mahlwerk rieselnden Getreides regelte. Sein Klappern ist es nämlich, das im alten Volkslied „Es klappert die Mühle am rauschenden Bach" besungen wird.

Von der Mühle aus überquert man die Straße und die Bahnlinie, biegt rechts ab und folgt dem „Floriansweg" zurück nach **Ottenhöfen**.

Der **Felsenweg** verbindet als Rundwanderweg die zahlreichen Felsen und Schroffen im Westen Ottenhöfens. Der Weg beginnt in **Ottenhöfen** beim **Gasthaus „Schwarzwaldstube"** (Simmersbach 1, montags Ruhetag) mit einer Hinweistafel *„Felsenweg"*. Von der Ortsmitte ist dies etwa 10 Minuten entfernt, und zwar in Richtung Achern, entlang der Straße oder über den „Blustenweg". Parkplätze sind am Ausgangspunkt jedoch ausreichend vorhanden. Es wird empfohlen, die Wanderung in Richtung Süden zu beginnen, den „Simmersbachweg" entlang.

Neun Felsformationen und Schroffen fasst der Weg zusammen, der mit einem *„F"* auf *grüner Raute* bezeichnet ist. Sie alle zu erwandern, das sei nochmals ausdrücklich gesagt, macht das Überwinden von fast 400 Höhenmetern notwendig. Aber es lohnt! Schon vom „Sesselfelsen", den man als erstes erreicht, genießt man die Aussicht über Ottenhöfen und Seebach mit allen Seitentälern und die höchsten Berge des nördlichen Schwarzwalds, vom Schliffkopf bis hin zur Hornisgrinde. Vom „Palmfelsen" wie noch später auch vom „Bürstenstein" sind, gutes Wetter vorausgesetzt, eine Aussicht über die Rheinebene hinweg bis zu den Vogesen und nach Straßburg möglich. Insgesamt sind gut vier bis fünf Stunden reine Wanderzeit zu veranschlagen.

Wer weniger Zeit investieren will, fährt mit dem Auto nach Lauental zum Wanderparkplatz Blaubronn. Von dort sind verkürzte Wanderungen möglich. Man sollte jedoch darauf achten, dass eines der folgenden Ziele, nämlich „Sesselfelsen", „Palmfelsen" oder „Bürstenstein" enthalten ist.

Wer noch, was sich in Ottenhöfen anbietet, eine Fahrt mit dem **Dampfzug** nach Achern machen will, hat dazu ab Pfingsten alle vierzehn Tage Gelegenheit (Näheres s. Kapitel 30 „Schwarzwald unter Dampf"). Hin und zurück braucht die kleine Lokomotive circa 1,5 Stunden.

i

Wie kommt man nach Ottenhöfen?
Per Bahn: Bahnverbindung Karlsruhe – Achern, Achertalbahn nach Ottenhöfen (siehe Kapitel 30).

Per Pkw: B 500 bis Ruhestein, am Ruhestein abbiegen Richtung Allerheiligen, Ottenhöfen oder eine Kreuzung weiter nördlich direkt nach Ottenhöfen.

A 5 bis Ausfahrt Achern (Nr. 53), über Kappelrodeck nach Ottenhöfen.

Weglänge:	„Mühlen-Kurztour" wie beschreiben: 5 km gesamter „Mühlenrundweg": 15 km Felsenrundweg gesamt: 12 km
Geöffnet:	Besichtigung der Mühlen nach Anmeldung über die Tourist-Information (s. u.) jederzeit möglich. Generelle Öffnungszeiten bitte auch dort erfragen.
Infos:	Tourist-Information, Allerheiligenstraße 2, 77883 Ottenhöfen, Telefon 0 78 42/8 04 44, Fax /8 04 45;
e-Mail:	tourist-info@ottenhoefen.de
Internet:	www.ottenhoefen.de

Kartentipp:
1 : 50 000 TOP Blatt 2 Baden-Baden, Hornisgrinde

Mummelsee und Hornisgrinde in der Gemeinde Seebach

Der sagenumwobene Mummelsee und die Hornisgrinde, mit 1 164 Metern Höhe der höchste Gipfel im nördlichen Schwarzwald, bieten unvergleichlich schöne An- und Ausblicke. Aber zugleich ist hier, wie kaum an einer anderen Stelle im Schwarzwald, die Gefährdung der Natur durch den Menschen unübersehbar – auch auf der nachfolgend beschriebenen, trotz allem reizvollen Wanderung, die vom Mummelsee ausgeht.

Der 1 036 Meter über dem Meeresspiegel gelegene **Mummelsee** befindet sich am Südhang der Hornisgrinde, unmittelbar neben der Schwarzwaldhochstraße (B 500). Vor dem „Berghotel Mummelsee" (kein Ruhetag) wurde ein großer Parkplatz für Busse und Pkws angelegt, gesäumt von einer Reihe von Souvenirbuden, so dass böse Zungen vom „Rummelsee" sprechen. Dennoch übt der dunkle See, in dem sich die Tannen spiegeln, einen großen Reiz aus, der ihn bis heute zum Mittelpunkt von Sagen und Gedichten macht.

Sein Name rührt von den Seerosen her, die im Volksmund auch „Nixblumen" oder „Mummeln" genannt wurden. Gegen Abend sollen in alten Zeiten Nixen dem See entstiegen sein, um, wie die meisten guten Geister, guten, braven Menschen zur Hand zu gehen, bis es ihnen wegen der Neugier und der Unvernunft einzelner Menschen verboten wurde. Grimmelshausen widmete dem See und den um ihn kreisenden Sagen in seinem 1666 veröffentlichten Roman „Simplicissimus" das ganze zehnte Kapitel des fünften Buchs. Bis in die neuere Zeit entstanden Geschichten und Märchen, die sich um den Mummelsee und seine Geheimnisse drehten. Unter den Lyrikern, die sich in die Verklärung des Sees mit einreihten, wie z. B. Ludwig Heinrich Christian Hölty: „Am Mummelsee" und August Schnitzler: „Mummelsee-Balladen", ragt Eduard Mörike mit seinem Gedicht „Die Geister am Mummelsee" heraus. Die Bedeutung, die dieses Gedicht für Mörike selbst hatte, ist daran zu ermessen, dass er es gleich zweimal auch innerhalb seiner Prosa verwendete: Einmal ist es Teil des kurzen dramatischen Stückes „Der letzte König von Orplid" und zum anderen ist es als Einschub in seinem Roman „Maler Nolten" zu finden. Und selbst heute noch trifft man mit etwas Glück am Ufer des Sees gelegentlich den auf seinen Dreizack gestützten „Mummelseekönig".

Wer Glück hat, trifft den Mummelseekönig

Nach so viel „Sagenhaftem" nun die Fakten zum See: Der Mummelsee ist einer (und zugleich auch der höchstgelegene) von ursprünglich 60 Karseen, von denen ohne erhaltende Eingriffe jedoch nur noch acht existieren: nämlich „Mummelsee", „Wildsee", „Glaswaldsee", „Herrenwieser See", „Ellbachsee", „Buhlbachsee", „Schurmsee" und „Huzenbacher See".

Alle Kare stammen aus der letzten Eiszeit, sind also vor ungefähr 10 000 Jahren entstanden. Mit dem Begriff „Kar" bezeichnet man nischenförmige Hohlformen, die aus einer Bergwand geschürft wurden. Sie entstanden dann, wenn Schnee und Eis bergab in Bewegung gerieten und dabei den Abhang aushobelten. Bei 20 Grad Hangneigung reichte dafür eine abrutschende Schnee- und Eisdecke von 15 Metern, bei 30 Grad Hangneigung bereits eine von nur 9 Metern. Im festen Gestein entstand nun eine so genannte „Karmulde". Und das ausgeschürfte Steinmaterial wurde am unteren Rand zu einem Wall, man nennt ihn „Moräne", zusammengeschoben. Sehr spät erst, nach dem völligen Abschmelzen des Eises, bildete sich in der frei gewordenen Mulde dann ein kleiner See, der Karsee.

Der Mummelsee ist touristisch, wie schon gesagt, sehr lebhaft. Ständig kommen neue „Attraktionen" dazu. Boot fahren kann man schon lange, aber nun gibt es auch noch einen Streichelzoo und einen Kunstpfad.

Ab Mitte 2004 entsteht auf der Hornisgrinde ein neuer interaktiver Lehrpfad. Als Wegzeichen und Markierung ist ein Schäfer mit einem Schaf vorgesehen. Er wird vermutlich (genaues stand bei Redaktionsschluss noch nicht fest) identisch mit der folgenden Wanderung sein:

Die Wanderung beginnt auf der alten Militärstraße hinter dem „**Mummelsee-Hotel**". Während der See zur Hälfte umrundet wird, kann man noch einmal den Blick darauf genießen. Dann führt die Straße ganz hinauf auf die **Hornisgrinde**. Die Bezeichnung „Grinde" übrigens steht für einen kahlen, baumlosen Bergrücken mit Hochmooren. Das Charakterbild der Hornisgrinde ist damit bereits fertig gezeichnet: Sie ist in ihrem 1,5 Kilometer langen Gipfelbereich ein langer, abgesehen von etlichen Latschen, kahler und vermoorter Höhenrücken, der sich nahezu eben hinzieht. Von der Hangkante im Nordosten der Hochfläche hat man einen weiten Blick über die ausgedehnten Waldflächen der Umgebung. Unterhalb des Aussichtspunkts befindet sich die steile Karwand des Biberkessel, die ebenfalls ein Überbleibsel aus der Eiszeit ist. Ein *Bohlenweg* führt nun durch das Moor und seine so ganz eigene Tier- und Pflanzenwelt, über die der neue Lehrpfad so viel Interessantes zu berichten weiß. Schließlich geht es wieder bergab und hinunter zum *Dreifürstenstein*. Das ist eine große natürliche Steinplatte und zugleich eine wichtige historische Grenzmarke des ehemaligen Dreiländerecks, wo das Herzogtum Württemberg, die Markgrafschaft Baden und das Bistum Straßburg zusammentrafen. Hier ist auch fast der **Ausgangspunkt** am **Mummelsee** wieder erreicht.

Man kann sich nun überlegen, noch einen Besuch in **Seebach** anzuschließen. Es nennt sich selbst das „Mummelseedorf". Allerdings liegt es nicht am Mummelsee, sondern etliche Kilometer darunter. Richtig ist aber, dass es der am nächsten gelegene Ort ist. Und mit seinem großen Abenteuerspielplatz, mit „Vollmers Mühle“, dem Trachtenmuseum und dem mittelalterlichen Silberbergwerk „Silbergründle“ hat er für Familien vielerlei reizvolles zu bieten, was sich gut mit einem Besuch am Mummelsee verbinden lässt.

Bootsfahrt auf dem Mummelsee

i

Wie kommt man zum Mummelsee?
Per ÖPNV: Mit dem Zug nach Baden-Baden und dann mit dem Bus 245 Richtung Mummelsee, Seebach.

Per Pkw: Von Freudenstadt auf der B 28 Richtung Kniebis bis Alexanderschanze, dann weiter auf der B 500 (Schwarzwaldhochstraße) Richtung Baden-Baden bis zum Mummelsee.

Von Baden-Baden (A 5, Ausfahrt Nr. 51) über die Schwarzwaldhochstraße (B 500) bis zum Mummelsee.

Weglänge: ca. 5 km

Infos zum Lehrpfad: „Ruhestein-Haus", s. Kapitel 19 („Fast alpin – doch ohne Stress...").

weitere Infos: Tourist-Information, Ruhesteinstraße 21, 77889 Seebach, Telefon 0 78 42/94 83 20, Fax /94 83 99;

e-Mail: tourist-info@seebach.de

Internet: www.seebach.de

Kartentipp:
1 : 50 000 TOP Blatt 2 Baden-Baden, Hornisgrinde

19 Fast alpin – doch ohne Stress…

Vom Ruhestein rund um den Seekopf

Die Aussicht, die Umgebung, alles fast alpin, doch alles das ist ohne Stress zu haben. Die vorgeschlagene Runde um den Seekopf ist viel eher Spaziergang als Wanderung, aber wie gesagt sehr reizvoll. Selbst an einem Tag, an dem man erst spät von Zuhause aufgebrochen ist, ist sie noch gut zu schaffen.

Wildseeblick

Ausgangspunkt der Wanderung ist der auf allen Seiten von Wald umgebene **Ruhesteinpass** (913 Meter) an der Schwarzwaldhochstraße. Die Wanderung beginnt an der **Talstation des Ski- und Wanderlifts** Ruhestein und führt in Serpentinen den Skihang hinauf. Alternativ kann man es auch „ruhig angehen" lassen und mit dem Sessellift auf den Seekopf (1 054 Meter) hinaufschweben, sich den Anstieg ersparen und die weite Aussicht genießen.

Übrigens ist eigentlich auch der Name „Ruhestein" ganz wörtlich zu nehmen. Lastenträger, die aus dem Tal heraufgewandert waren, stützten ihre Traggestelle eine Zeit lang auf dem großen Sandstein auf, ehe sie weitergingen...

Oben angelangt wandert man geradeaus auf dem ebenen, gut ausgebauten Weg durch die latschenkieferbewachsenen Grindenflächen des Seekopfs. Das Wort „Grinde" bedeutet eine kahle, baumleere Fläche. Sie sind „menschengemacht", sei es durch Rodung, durch Beweidung oder durch die Nutzung des Laubs als Einstreu für Viehställe, was früher durchaus üblich war.

An der ersten Weggabelung geht es geradeaus weiter und mitten hinein in das Naturschutzgebiet „Bannwald Wilder See – Hornisgrinde". Seit der Ausweisung als „Bannwaldgebiet" (1911) wurde das Gebiet jeglicher menschlichen Nutzung entzogen und vermittelt daher einen ganz eigenen Reiz.

Am Weg liegt nur wenig später das *Euting-Grab.* Auf Dr. Julius Euting (1839 bis 1913), bekannt als der „Ruhesteinvater", geht die touristische Erschließung des Höhenzugs Zuflucht – Ruhestein – Hornisgrinde zurück. Es war sein Wunsch, hier begraben zu werden.

Von hier aus hat man zugleich die schönste Aussicht auf den *Wildsee.* Er liegt tief unten, unterhalb des steilen, fast alpin wirkenden Osthanges des Seekopfs. Eben diesem „wilden" Blick in die Tiefe verdankt der ruhige Karsee (s. Kapitel 18 „Die Geister am Mummelsee") seinen Namen. Wer Lust dazu hat, kann ihm auf einem allerdings etwas beschwerlichen (hin und zurück ungefähr fünf Kilometer langen) Abstecher zusätzlich einen Besuch abstatten.

Wer bei der kürzeren Version dieser Wanderung bleibt, folgt weiterhin der *roten Raute* (*R 1*) zur „Darmstädter Hütte" (dienstags Ruhetag). Sie ist bewirtschaftet, doch darf auch Mitgebrachtes verzehrt werden.

Danach beginnt schon der Abstieg. Auf dem mit *R 1* bezeichneten, so genannten „Meta-Weg" (an der zweiten Weggabelung ist es nicht der breite Hauptweg, sondern der schmälere Weg links oben) geht es stetig abwärts durch Tannenwald, unterbrochen von herrlichen Ausblicken ins „Seebachtal" und über die Rheinebene bis zu den Vogesen. Hinter der Talstation des Sessellifts erreicht man wieder den **Ausgangspunkt** der Wanderung, die **Talstation**, und hat dort noch die Möglichkeit zur Einkehr in der „Ruhestein-Schänke“ (außer in den Sommerferien freitags Ruhetag) oder beim musizierenden Hüttenwirt im „Grenzstüble“ (montags Ruhetag) einzukehren.

„Jugend forscht“ im Naturschutzzentrum

Nicht versäumen sollte man bei dieser Gelegenheit, im „Naturschutzzentrum Ruhestein" vorbeizuschauen. Es möchte dazu beitragen, dass Besucher die Natur hier oben verstehen lernen und als schützenswert erkennen. Spaß und Action bieten darüber hinaus spezielle „Naturerlebnistage für Kinder". Auch wer Schulklassen oder Kindergruppen betreut, kann dafür Termine vereinbaren. Im Infocenter erhält man zudem Hilfe um eigene Wanderungen zu planen oder kann sich Kopien mit Wandervorschlägen holen. Unbedingt lohnenswert ist es in jedem Fall, sich das jeweilige Jahresprogramm zu holen. Dann ist man immer rechtzeitig über interessante Veranstaltungen oder Führungen informiert.

Wie kommt man zum Ruhestein?
Per ÖPNV: Es gibt Busanbindungen verschiedenster Art, unter anderem von Freudenstadt. Verbindungen, Fahrpläne und Telefonnummern für nähere Erkundigungen sind im Jahresprogramm des Naturschutzzentrums abgedruckt.

Per Pkw: Von Freudenstadt auf der B 28 Richtung Kniebis bis Alexanderschanze, dann auf der B 500 (Schwarzwaldhochstraße) Richtung Baden-Baden bis Ruhestein.

Von Baden-Baden auf der Schwarzwaldhochstraße (B 500) bis Ruhestein.

Von Appenweier (A 5, Ausfahrt Nr. 54) auf der B 28 Richtung Freudenstadt bis Alexanderschanze, weiter wie oben beschrieben.

Weglänge: Kernwanderung: ca. 5,5 km,
Abstecher zum Wildsee: zusätzlich 5 km; Die Wanderung ist mit einer roten Raute und R 1 bezeichnet.

Sessellift Ruhestein

Geöffnet: am Wochenende 9.30 – 17.30 Uhr
während der Schulferien auch unter der Woche

Infos: Telefon 0 74 49/9 10 53 oder /9 10 54;

Natuschutzzentrum Ruhestein
Schwarzwaldhochstraße 2, 77889 Seebach

Geöffnet:	Mai bis September dienstags bis donnerstags, samstags, sonn- und feiertags 10.00 – 18.00 Uhr Oktober bis April dienstags bis donnerstags, samstags, sonn- und feiertags 10.00 – 17.00 Uhr
Eintritt:	frei
Infos:	Telefon 0 74 49/9 10 20, Fax /9 10 22;
e-Mail:	NAZ.Ruhestein@t-online.de
Internet:	www.naturschutzzentren-bw.de

Kartentipp:
1 : 50 000 TOP Blatt 2 Baden-Baden, Hornisgrinde

Der „Sturmlehrpfad" an der Schwarzwaldhochstraße

Wie nah Zerstörung und Chaos, aber auch Neubeginn und letztlich sogar Lernen und Spaß beieinander liegen, das erfährt man auf dem „Sturmlehrpfad".

Abenteuer Lotharpfad

Am zweiten Weihnachtsfeiertag 1999 fegte unvermittelt, zumindest ohne Vorwarnung (die im Übrigen wohl auch nicht viel genützt hätte) ein Orkan mit bis zu 200 Stundenkilometern Geschwindigkeit übers Land. Ergebnis? 30 Millionen Kubikmeter Sturmholz und 40 Millionen Hektar Kahlfläche. Leergefegte Schneisen entlang der Schwarzwaldhochfläche entstanden so in knapp zwei Stunden. Nicht gerechnet die vielen abgedeckten Dächer und Sturmschäden an anderen Stellen, war der Nordschwarzwald am stärksten betroffen. Innerhalb von Stunden begann die Landesforstverwaltung bereits mit der Aufarbeitung dieser gewaltigen Holzmasse. Schon da entstand der Gedanke eine der Flächen sich selbst zu überlassen, zur Beobachtung, wie die Natur damit umgeht. Neu aber war die Idee, diesen dichten Verhau aus umgestürzten Bäumen und aufgeklappten Wurzeltellern jedermann zugänglich zu machen: so entstand die Idee zum „Lotharpfad“ oder „Sturmwurf-Erlebnispfad“.

Stege, Leitern und Treppen wurden angelegt, mitten hinein ins Chaos, in ein Stück Wald, das nach dem Sturm nicht geräumt wurde. Hautnah kann man dort nun erleben, wie die Natur mit den Folgen des Orkans umgeht: Heute, fünf Jahre später, zeigt sich bereits überall neues Leben, sind aus den Sämlingen bereits neue kleine Bäume entstanden.

Kinder haben am zehn Hektar, also etwa zehn Fußballfelder großen Gelände, durch das der rund ein Kilometer lange Rundweg sich windet, großen Spaß. Am besten erschließt sich der Pfad, bzw. die Idee des Pfads, wenn man, egal ob groß oder klein, alt oder jung, an einer der geführten Touren teilnimmt. Wer daran Interesse hat, sollte sich beim Naturschutzzentrum Ruhestein (s. Infos, Kapitel. 19 „Fast alpin – doch ohne Stress...“) über die jeweiligen Termine informieren.

Auf sicherem Pfad durch die Sturmschäden

i

Wie kommt man hin?
Per Pkw: Von Norden: A 5, Ausfahrt Baden-Baden (Nr. 51) oder Achern (Nr. 53). Dann die B 500 (Schwarzwaldhochstraße), Richtung Freudenstadt, vorbei am Schliffkopfhotel. Nach 3 Kilometern ist rechts ein Parkplatz mit einer Notrufsäule, dort parken.

Von Süden: Ab Freudenstadt auf die B 28. Bei der Alexanderschanze auf die B 500 (Schwarzwaldhochstraße) einbiegen. Fahrt Richtung Norden, vorbei an der Abzweigung nach Oppenau. Nach dieser Kreuzung noch etwa 3 Kilometer weiter nach Norden bis links ein Parkplatz mit Notrufsäule kommt.

Weglänge: 1 km

Infos: Naturschutzzentrum Ruhestein (s. Kapitel 19 „Fast alpin – doch ohne Stress...“)

Erlebnispfade in der Gemeinde Baiersbronn

„Steine erzählen Geschichte“, so heißt der neueste der Erlebnispfade der Gemeinde Baiersbronn. Er liegt rund acht Kilometer vom Hauptort entfernt, an der Schnittstelle der Ortsteile Obertal und Buhlbach. Die vielen Schichten aus denen sich der Schwarzwald aufbaut, sind durch den Bach Rotmurg an vielen Stellen frei gelegt. Die Steine dort gaben den Namen. Aber auch über das Geologische hinaus gibt es an vielen Stationen interessantes zu berichten.

Baiersbronn ist die größte und waldreichste Feriengemeinde Baden-Württembergs. Um bei den Superlativen zu bleiben, sie ist auch die gastronomische Hochburg des Landes. 2003 konnte Harald Wohlfahrt, der in der „Traube“ in Baiersbronn-Tonbach kocht, seinen Titel als bester Koch Deutschlands verteidigen. Aber auch das Hotel „Bareiss“ und das Hotel „Sackmann“ sind bei Gourmets in gleichem Maße geschätzt. Das jedoch nur am Rande.

Baiersbronn gehört zu den kinderfreundlichen Gemeinden und bietet unzählige Angebote für Familien, sowohl gastronomisch gesehen wie auch hinsichtlich Veranstaltungen und Einrichtungen, für Feriengäste ebenso wie für Tagesbesucher.

Bei den Wurzelmännlein

Besonders ideenreich ist man in Baiersbronn in Bezug auf Erlebnispfade. Mittlerweile gibt es schon sieben davon. Der erste nennt sich „Flößer, Köhler, Waldgeister“, der zweite „Im Tal der Hämmer“, der dritte „Quellen und Parzellen“, der vierte „Von Mönchen und Lehensbauern“, der fünfte „Wilder Wald im Wandel“, der sechste, „Steine erzählen Geschichte“ und der siebte „Leben vor 200 Jahren in der Ortschaft“.

Zu diesen Pfaden gibt es bei der Tourist-Infomation auch Broschüren, die einem alles Wichtige, auch über Einstieg, Startpunkte und Verlauf schon vorab in die Hand geben. Da Baiersbronn eine sehr große Gemeinde mit vielen Teilorten ist, muss man sich über diese Punkte vorab eingehend informieren.

Ausgangspunkt für den Erlebnispfad „Steine erzählen Geschichte“ ist, um beim Beispiel zu bleiben, der **Parkplatz** an der **katholischen Kirche** im Ortsteil **Obertal**. Dort findet man auch gleich die erste Tafel und wird über die Brücke dann zum eigentlichen Beginn des Lehrpfads, an den Bach **Rotmurg**, gewiesen. Dort verläuft er in einem der interessantesten Täler im Schwarzwald und zieht sich bis zum Ruhestein (s. Kapitel 19 „Fast alpin – doch ohne Stress...“) hinauf. Auch landschaftlich ist er sehr schön. An 36 Stationen erfährt man nicht nur etwas über Geologie, sondern auch viel Interessantes aus fast allen Lebensbereichen.

Gebannt lauschen die Kinder

Eigentlich ist der Erlebnispfad als Zielwanderung geplant (eine Rückfahrt mit dem Bus ist möglich), allerdings eine in jede Richtung begehbare. Der Pfad kann aber gut auch abschnittsweise begangen werden, wobei die Info-Hütte (nahe Station 19) den jeweiligen Umkehrpunkt bildet.

Während die zweite Strecke (zwischen Info-Hütte und Ruhestein) dann auf demselben Weg wieder zurück gegangen werden muss, lässt sich die erste Teilstrecke (zwischen Obertal und Info-Hütte) auch in eine Rundwanderung umwandeln: Nach einer Rast an der Hütte kann der Rückweg nämlich auch über die neue Brücke an der „Teufelsmühle" auf der gegenüberliegenden Bachseite angetreten werden.

i

Wie kommt man nach Baiersbronn?
Per Bahn: Baiersbronn hat einen Bahnhof.

Per Pkw: Von Freudenstadt auf der B 462 Richtung Gernsbach bis Baiersbronn.

Von Pforzheim auf der B 294 bis Besenfeld, dann rechts auf die B 462 bis Baiersbronn.

Achtung: Zum namengebenden Hauptort „Baiersbronn" gehören etliche, teils auch weiter entfernt liegende Teilorte. Dies ist wichtig zu wissen und zu beachten bei der Suche nach dem richtigen Einstieg einer Wanderung innerhalb der Gemeinde.

Weglänge:	Zielwanderung (Höhenunterschied 325 Meter): 7 km Alternativ kann die erste Hälfte des Wegs auch als Rundwanderung begangen werden und ist dann ebenfalls ca. 7 km lang.
Infos:	Tourist-Information Baiersbronn, Rosenplatz 3, 72270 Baiersbronn, Telefon 0 74 42/ 84 14-14, Fax /84 14-48;
e-Mail:	ti-baiersbronn@t-online.de
Internet:	www.baiersbronn.de

Kartentipps:
1 : 50 000 TOP Blatt 2 Baden-Baden, Hornisgrinde
1 : 25 000 TOP Blatt 7416 Örtliche Wanderkarte Baiersbronn

Der Sankenbachwasserfall bei Baiersbronn

Wer kann schon von sich sagen, dass er einmal einen Wasserfall in Gang gesetzt hat? Auf dieser Wanderung kann man es tun. Außerdem liegen ein Rotwildgehege und ein herrlicher Spielplatz am Wege, nicht zu reden vom Sankenbachsee. Aber alles der Reihe nach.

Wer mag, kann bereits von *Baiersbronn-Unterdorf* und damit sozusagen vom Zentrum von Baiersbronn aus mit der Wanderung beginnen. Man folgt dann talaufwärts dem Sankenbach, um nach ungefähr zwei Kilometern zum *Wanderparkplatz* zu gelangen.
Vermutlich wollen aber die meisten mit dem Auto hinauf. Dazu fährt man aus der Mitte des Ortsteils Unterdorf in die „Forbachstraße“ und folgt dann nach rechts dem Wegweiser zum Sessellift in die „Sankenbachstraße“. Ungefähr einen Kilometer nach der Talstation des Stöckerkopf-Sessellifts, immer noch der „Sankenbachstraße“ nach, gelangt man so zum **Wanderparkplatz**, in dessen unmittelbarer Nachbarschaft *Rotwildgehege* und *Spielplatz* liegen.

Am Sankenbachsee

Vorerst aber geht man am Rotwildgehege und am Spielplatz vorbei. Der Weg führt geradeaus in den Wald hinein und nach gar nicht allzu langer Zeit ist man am **Sankenbachsee** angekommen. Vor ungefähr 10 000 Jahren als Karsee (s. Kapitel 18 „Die Geister am Mummelsee") entstanden, lief er vor etwa 3 000 Jahren fast vollständig aus, weil er die Endmoräne durchbrochen hatte. Erst 1980/81 wurde er neu angelegt: Durch Aufschüttung von Erde wurde der ursprüngliche Zustand wieder hergestellt. Heute hat der See (wieder) eine Staufläche von 2,4 Hektar und ist rund 7 Meter tief. Die See- und Feuchtwiesen drum herum bieten vielen Pflanzen und Tieren Lebensraum. Wer im zeitigen Frühjahr herkommt, kann sich selbst davon überzeugen. Vor allem Erdkröten und Grasfrösche bevölkern dann den Zugang zum Wasser so, dass man bei jedem Schritt Acht geben muss, um keines der Tiere zu zertreten. An der Bergseite des Kessels finden sich eine Schutzhütte, Tische, Bänke und eine Feuerstelle zum Grillen. Speisen und Getränke muss jeder selbst mitbringen.

Hinter diesem Rastplatz weist ein Schild den Weg zu den **Sankenbach-Wasserfällen**. Null-Komma-Acht Kilometer sind in Null-Komma-Nichts geschafft, weil einen die Spannung rasch emporzieht. Gespannt wartet jeder auf den ersten Blick zum Wasserfall. Ist der Wasserfall imposant und stürzt ein dicker Schwall weißschäumendes Wasser den Hang herunter oder nur ein schwaches, trauriges Rinnsal? Abhängig ist dies (außer vom Wasserstand allgemein) davon, ob der Schieber des kleinen Staubeckens oberhalb des Wasserfalls offen oder geschlossen ist. Diesen Schieber kann und darf man selbst bedienen. Das ist das, was den Ausflug nicht nur für Kinder so interessant macht. Ist der Schieber geschlossen, staut sich dahinter das für den Schwall notwendige Wasser des Sankenbachs in einem kleinen Teich. Wird er geöffnet, kann man das Schauspiel beobachten, wie sich die Flut über drei Stufen hinweg ihren Weg bahnt.

Auch die Wanderung führt wieder hinunter zur *Schutzhütte* und dann auf der anderen Seite des Sees und des Tales entlang allmählich zurück. Man sieht lange kein Zeichen; doch durch den Blick auf den bergauf gestiegenen Weg auf der gegenüberliegenden Talseite weiß man, dass die Richtung stimmt. Erst die *weiße 16 auf rotem Grund* weist kurz vor Ende der Wanderung zum Wildgehege.

Zuvor kommt noch der versprochene *Spielplatz*. Hütte und Feuerstelle sind ebenfalls vorhanden. Gleich unterhalb des Spielplatzes beginnt das *Rotwildgehege*.

Wer das Auto am **Wanderparkplatz** abgestellt hat, ist nun am Ziel, aber auch die anderen müssen nur noch bergab gehen. Wer in Baiersbronn noch einkehrt, hat die Chance, dem „Murgel", dem freundlichen Baiersbronner Logo, einem ulkigen Männchen, zu begegnen.

„Papa, starte den Wasserfall!"

Auch ein Besuch in **„Hauffs Märchen-Museum"** in Baiersbronn-Oberdorf wäre ein schöner Abschluss des Ausflugs. Wer im Schwarzwald unterwegs ist, hat bestimmt schon von dem durch den Dichter Wilhelm Hauff erfundenen Märchen „Das kalte Herz" gehört (s. Kapitel. 2 „Folgt dem Diener Ambrosius!"). Es ist nicht zuletzt auch durch die liebenswerten Figuren der Augsburger Puppenkiste bekannt geworden. Im Museum gibt es eine Videostation für Kinder, wo man es sich gleich (noch einmal) ansehen kann.

i

Wie kommt man nach Baiersbronn zum Sankenbach-Wasserfall?
Per ÖPNV: Baiersbronn ist Bahnstation, ein paar Mal im Jahr ist es sogar im Dampfzug erreichbar. Termine und Infos erhält man bei den Ulmer Eisenbahnfreunden e. V. (s. Infos zu Kapitel 30 „Schwarzwald unter Dampf“). Da Baiersbronn aber eine sehr große Gemeinde mit vielen Teilorten ist, ist die Bahnanreise eigentlich nur für den Ausflug zum „Sankenbach-Wasserfall“ sinnvoll.

Per Pkw: Von Freudenstadt auf der B 462 Richtung Gernsbach bis Baiersbronn-Unterdorf.

Weglänge:	zu Fuß von Baiersbronn-Unterdorf aus: etwa 9,5 km, vom Wanderparkplatz aus: 5,3 km (mit R 16 und roter Raute bezeichnet);

Hauff's Märchen Museum
Alte Reichenbacher Straße 1, 72270 Baiersbronn-Oberdorf (neben der Kirche)

Geöffnet:	mittwochs, samstags und sonntags	14.00 – 17.00 Uhr
Infos:	Tourist-Information Baiersbronn (s. Kapitel 21 „Steine erzählen Geschichte“)	

Autotour von Bad Rippoldsau über Wolfach nach Schiltach

Eine Autotour? Das klingt weder umwelt- noch kinderfreundlich... Hier und als einmalige „Geschichte“ erscheint es aus zwei Gründen gerechtfertigt: Wer im Schwarzwald unterwegs ist, kommt nicht am Thema Flößerei vorbei. Im Folgenden ist einmal alles in der richtigen Abfolge zusammengestellt. Und landschaftlich schön ist die Route dazu. Trotzdem kann sie jeder natürlich auch beliebig aufteilen und Ziele separat anfahren...

Vom 15. bis 19. Jahrhundert war die Flößerei im Schwarzwald ein weit verbreitetes und lohnendes Gewerbe. Als sie Ende des 19. Jahrhunderts zum Erliegen kam, wurden die notwendigen Anlagen nicht mehr unterhalten, gingen kaputt oder wurden aus den verschiedensten Gründen abgerissen. Heute, im Zuge einer bewusst wiederbelebten Schwarzwaldromantik, stehen die Flößer und das, was von ihnen und ihrem Gewerbe überdauert hat, höher im Kurs denn je. Überall wird restauriert, renoviert oder nachgebaut.

Dem hier beschriebenen Ausflug liegt deshalb das Bemühen zugrunde, einmal nicht hier und da etwas „Flößerei“ anzuschauen, sondern, soweit irgend möglich, den Weg des Holzes von der lebendigen Tanne bis zu ihrem Aufbruch nach Holland, zum Beispiel als Teil eines Floßes, zu verfolgen.

Die Tour startet in **Freudenstadt**, wo man erst in Richtung Kniebis fährt, um gleich am Ortsende von Freudenstadt über den Zwieselberg nach **Bad Rippoldsau**, einem Mineral- und Moorbad zu gelangen. Nicht nur, dass wir hier die erste, vielleicht sogar die beeindruckendste Spur der Flößerei finden, von hier stammt auch der älteste urkundliche Nachweis für die Flößerei im Wolfachtal.

Graf Wolfgang zu Fürstenberg erkannte darin den Rippoldsauern das Recht zu, Floßholz zu hauen und zu flößen. Das Recht allein brachte jedoch das Holz, die Stämme, noch lange nicht ins Tal hinunter. Die einzig mögliche Art, Holz ins Tal zu transportieren, war die Rutschpartie in der „Riese“. Die „Riese“ war eine Art Rutschbahn, aber eine bis zu drei Kilometer lange. Damit die Stämme besser rutschen konnten, war sie innen mit halbrunden Hölzern ausgelegt. Und mit besonderen Verstärkungen in den Kurven, denn schließlich erreichten die entästeten und entrindeten Baumstämme Geschwindigkeiten von bis zu 100 Stundenkilometern.

In Bad Rippoldsau ist eine solche Riese in Originalgröße nachgebaut worden. Man findet sie leicht, muss sich aber dabei an die folgende Beschreibung halten: Genau gegenüber vom Kurmittelhaus (am Parkplatz) zieht sich ein schmaler Pfad links den Hang hinauf, der *TK 1*, ein rund fünf Kilometer langer Baumlehrpfad. Nach ungefähr 1,5 Kilometern überquert er die *Riese*.

Bald danach biegt ein Weg links zum Kurhaus ab, ihm folgt man das kurze Stück hinunter und gelangt links vom Wasserlauf, vorbei am „Floßbindeplatz" und dem unteren Teil der Riese (direkt hinter dem Kurhaus) zurück zum **Ausgangspunkt**.

Nächste Station ist der Glaswaldsee. Von Bad Rippoldsau fährt man weiter Richtung Schapbach/Oberwolfach. In *Vorseebach*, wenige Kilometer weiter, weist ein Schild zum fünf Kilometer entfernten, gebührenpflichtigen Parkplatz „Glaswaldsee", zu dem sich ein schmales, asphaltiertes Sträßchen hinaufwindet. Der 900 Meter hoch gelegene **Glaswaldsee** war ursprünglich ein kleiner Karsee, so wie der Mummelsee (s. Kapitel 18 „Die Geister am Mummelsee"). Doch weil die Wolfach nicht immer genug Wasser führte, um die Stämme oder Flöße weiter zu tragen, baute man hier oben eine Staumauer, so dass bei Bedarf zusätzliches Wasser zur Verfügung stand, das den Stämmen mit einem „Schwall" Wasser „Beine" machte.

Wer einen Blick auf den romantischen, ruhigen See werfen will, erreicht ihn vom Parkplatz aus nach ungefähr 600 Metern und einem nur wenige Minuten in Anspruch nehmenden Anstieg. Anfangs gut ausgeschildert, gilt es nur einmal aufzupassen: dort, wo in einer Linkskurve des Forstwegs ein Waldweg mit der Tafel *„Seeweg"* abbiegt.

Mit dem Auto gelangt man anschließend wieder zurück nach *Vorseebach*, biegt dort nach *Schapbach* ab und fährt weiter in Richtung *Wolfach*. Nichts weist heute mehr darauf hin, dass sich hier früher ein Flusswehr mit „Einbindeplatz" befand. Für einen Ausflug zu den Spuren der Flößerei ist die „Station" trotzdem wichtig, denn an den so genannten Einbindeplätzen wurden die einzelnen Stämme mit „Wieden" (s. u.) zu einem kleinen Floß, dem „Gestör" zusammengefügt. Erst mehrere Gestöre zusammen bildeten schließlich das eigentliche Floß.

„Wieden", so nannte man die Seile aus biegsamen Weideruten, später auch aus schlanken Fichten- oder Haselnussruten. Sie wurden im Wasser eingeweicht, dann im Ofen gedämpft und schließlich mit Hilfe von Stangen zu Seilen gedreht. Bauern drehten die Wieden an den arbeitsärmeren Wintertagen meist im Nebenerwerb. Sie brauch-

Original Flößerstiefel

ten nämlich selbst solche Seile für ihre Ochsengespanne, mussten das Wiedendrehen also nicht eigens lernen und den Ofen verwendeten sie ohnehin auch zum Backen. Die *„Steigfelsenkapelle"*, die wenig später rechts nahe der Straße liegt, war übrigens ursprünglich nur ein Wiedenofen, der erst 1947 zur Kapelle umgebaut wurde.

An der Einmündung der Wolfach in die Kinzig liegt die Stadt **Wolfach**. Hier sollte man einen kleinen Rundgang machen, allerdings erst nach dem Besuch im neu und ansprechend gestalteten Flößerraum des im Schloss gelegenen **Heimatmuseums**. Mit Bildern, Arbeitsgeräten, kleinen und großen Modellen wird hier der Flößeralltag lebendig nachvollziehbar. Auch ein Paar der wie für Riesen gemachten, das ganze Bein einschließenden Stiefel hängt im Original an der Wand. Doch genug, auch draußen gibt es noch etwas zum Thema Flößer zu erkunden.

Dazu biegt man gleich nach dem Schloss rechts ab, hinunter zu den **Kinziganlagen**. Hier befand sich früher die „Einbindestube", wo neue, noch größere Flöße für den Weitertransport des Holzes auf der Kinzig zusammengestellt wurden. An der alten Brücke, wo Wolfach und Kinzig zusammenfließen wurde vor einigen Jahren schon ein frei zugänglicher **„Flößerpark"** geschaffen, ein Ensemble aus einem Wiedenofen und einem originalgroßen begehbaren Floß (an Land). Auch findet man noch so genannte „Anmährehaken", Eisenringe, an denen Flöße, die aus der Wolfach kamen, festmachten und warten mussten, ehe sie in die Kinzig einfahren durften. Denn nachdem die Stämme im oberen Wolfachtal gefällt, geriest und zusammengebunden waren, ging es nun von Wolfach aus das Kinzigtal hinab bis zum Rhein, zum Teil sogar bis nach Holland.

Über den „Gassensteg" geht es dann, vorbei am *Narrenbrunnen*, zurück in Richtung Stadtmitte, wo es auch verschiedene Möglichkeiten zum Essengehen oder Kaffeetrinken gibt, und zum Auto; schließlich wartet noch eine Station.

Die letzte Station ist **Schiltach**. Die hübsche Fachwerk- und Flößerstadt nennt das **Schütte-Säge-Museum** in der „Hauptstraße" (fast in der Ortsmitte, an der B 294 gelegen) ihr eigen. Bei freiem Eintritt kann man dort das heute Gesehene anhand von Skizzen, Bildern und Modellen der Originalgerätschaften noch einmal Revue passieren lassen und sich außerdem über Waldgewerbe, Sägerei und Gerberei informieren.

Wie kommt man nach Bad Rippoldsau?
Per Pkw: Am Ortsende von Freudenstadt (Richtung Kniebis) links über den Zwieselberg nach Bad Rippoldsau.

Vom Rheintal, A 5, Ausfahrt Appenweier (Nr. 54) auf der B 28 bis Kniebis, dort rechts nach Bad Rippoldsau.

Ausgangspunkt: Parkplatz gegenüber dem Kurmittelhaus.

Infos:	Tourist-Information Bad Rippoldsau, Kurhausstraße 2, 77776 Bad Rippoldsau-Schapbach, Telefon 0 74 40/9 13 94-0, Fax /9 13 94-94;
e-Mail:	info@bad-rippoldsau-schapbach.de
Internet:	www.bad-rippoldsau-schapbach.de

Flößer- und Heimatmuseum
Hauptstraße 40, 77709 Wolfach

Geöffnet:	Mai bis Oktober	
	dienstags, donnerstags	
	und samstags	14.00 – 17.00 Uhr
	sonntags	10.00 – 12.00 Uhr
	und	14.00 – 17.00 Uhr
	im Winter	
	donnerstags	14.00 – 17.00 Uhr
	jeden 1. Sonntag/Monat	14.00 – 17.00 Uhr

Info:	Telefon 0 78 34/4 28 48 (während der Öffnungszeiten)
weitere Infos:	Tourist-Info Wolfach/Oberwolfach Hauptstraße 41, 77709 Wolfach, Telefon 0 78 34/83 53-53, Fax /83 53-59;
e-Mail:	wolfach@wolfach.de
Internet:	www.wolfach.de

Die Flößerstube im Heimatmuseum Wolfach

Schütte-Säge-Museum
Hauptstraße 1, 77761 Schiltach

Geöffnet:	April bis Oktober	11.00 – 16.00 Uhr
	1. Advent bis „Heilige Drei Könige"	
	täglich	14.00 – 16.00 Uhr
	Vorführung der Maschinen:	
	freitags	ab 15.00 Uhr
Eintritt:	frei	
Infos:	Telefon 0 78 36/58 75, Fax /58 58; Verkehrsamt Schiltach, Hauptstraße 5, 77761 Schiltach, Telefon 0 78 36/58 50, Fax /58 58;	
e-Mail:	touristinfo@schiltach.de	
Internet:	www.schiltach.de	

Kartentipp:
1 : 20 000 TOP 7615 Wander- und Freizeitkarte Wolfach/Alpirsbach

Auf die Burg Hohengeroldseck, nach Seelbach, Zell am Harmersbach und Nordrach

Eine Reise in die Vergangenheit, das ist zumindest auf diesem Ausflug ungemein spannend. Er beginnt mit dem Besuch der Ruine Hohengeroldseck, einer der schönsten Ruinen überhaupt. Weiter geht es vielleicht mit einem Besuch in Seelbach, ganz sicher aber danach mit einem in Zell am Harmersbach. An der reizvollen Altstadt und den liebenswerten Museen dort sollte man keinesfalls vorbei fahren, ohne anzuhalten. Und wer an Teddys und Puppen Spaß hat, sollte das Puppenmuseum in Nordrach nicht versäumen.

Die eindrucksvolle **Burgruine Hohengeroldseck** liegt auf einem mächtigen, vulkanischen Porphyrfelsen über der Passstraße Seelbach-Schönberg. Sie war von ihrer Vollendung um 1250 bis zu ihrer Zerstörung 1689 die Stammburg der Geroldsecker, nach denen diese Gegend bis heute auch als das „Geroldsecker Land" bekannt ist. Die Geroldsecker waren kriegerische Grafen, die als Raubritter den Zugang zum Rhein sperrten, hohe Zölle verlangten und von ihrer Burg aus die ganze Gegend beherrschten.

Ursprünglich verfügte die Burg sogar über gleich zwei stattliche Wohngebäude. Von einem davon sind die Außenmauern auf einer Höhe von vier Stockwerken erhalten. Über eine Wendeltreppe kann man auf die Aussichtsplattform hinaufsteigen, von der man einen Blick über den Schwarzwald und über die Rheinebene bis zu den Vogesen hat. Auch sonst ist ungewöhnlich viel an Mauerwerk erhalten. Die Treppen und Treppchen rund ums Brunnenhaus sowie die Burgruine selbst, alles das auszukundschaften macht Kindern einfach Spaß und deshalb gibt es sicher auch keine Gegenstimmen, wenn es darum geht, hinauf zu wandern.

Als Tipp sei verraten, dass alljährlich beim „Käterlismarkt" auch all die Ritter wieder „lebendig" werden, wenn am 20. November im „Historischen Auftakt" in der Außenanlage des ehemaligen Klosters im Ortskern von **Seelbach** die Verleihung des Marktrechts an Diebolt I. von Geroldseck in prächtigen Kostümen und einer eindrucksvollen Anzahl von Rittern nachgestellt wird. Diese Verleihung des Marktrechtes war die Folge von Fehden und Erbhändel zwischen Diebolt I. von Hohengeroldseck mit den Erben der Herrschaft Geroldseck Lahr.

Pause bei der Ruine Hohengeroldseck

Doch fürs erste geht die Fahrt weiter nach **Zell am Harmersbach**. Die nach ihrer damaligen Einwohnerzahl kleinste aller Freien Reichsstädte glänzt heute entlang ihrer Hauptstraße durch hübsche Ensembles an Fachwerk- und Jugendstilbauten, die Anfang des 20. Jahrhunderts errichtet wurden. Bekannt aber ist sie vor allem durch ein Dekor: „Hahn und Henne" der Zeller Keramikfabrik gibt es seit über 100 Jahren und selbst in den USA oder in Australien kennt man es. Es gibt die Möglichkeit, sich auch sonntags im Werksverkauf umzusehen, oder mittwochs einmal eine der Werksführungen mitzumachen. Wer zu anderen Zeiten kommt, kann sich immerhin ein Video ansehen und die Museumsecke besuchen.

Aber zurück zur Stadt Zell. Dort gibt es nämlich auch Museen, die Familien Spaß machen. An erster Stelle den *„Storchenturm“*. Dieser Turm war ursprünglich Teil der alten Stadtbefestigung. Er diente als Wachturm, Hungerverließ und Turmkerker. Die Zellen, niedrig, nur mit Stroh ausgelegt, kann man besichtigen. Dazu so vieles andere, man kann gar nicht alles aufzählen, aber es lohnt den Besuch!

Ein weiteres, sehr liebevoll gestaltetes Museum ist der *„Fürstenberger Hof“*, der bis 1970 noch voll bewirtschaftet war, 1991 abbrannte und original wieder aufgebaut wurde. Er ist so eingerichtet, als sei die Familie nur kurz aus dem Haus gegangen und habe alles stehen und liegen gelassen...

Handpuppen im Storchenmuseum

Und im Nachbarort **Nordrach** gibt es das *Puppenmuseum*. Nach Themen wie „Bei der Feldarbeit“, „Im Frühjahr auf dem Bauernhof“ oder „Trachtenhochzeit“ geordnet, gibt es rund 2 000 sorgfältig bekleidete Teddys und Puppen zu bestaunen, aber auch anderes altes Spielzeug, Kaufläden, Puppenstuben und vieles mehr.

i

Wie kommt man zur Ruine Hohengeroldseck?
Per Pkw: Von Freudenstadt über die B 294 bis Haslach, dann auf der B 33 bis Biberach; von dort auf der B 415 Richtung Lahr bis zum Parkplatz bei der Burg Hohengeroldseck.

Vom Rheintal auf der A 5 Ausfahrt Lahr, weiter auf der B 415 bis zum Parkplatz bei der Burg Hohengeroldseck bzw. direkt nach Seelbach.

Geöffnet:	Die Burg ist ganzjährig frei zugänglich.
Weglänge:	ca. 3 km (hin und zurück; zur Not gibt es auch einen kleinen Parkplatz direkt unter der Burg)
Infos:	Verkehrsamt Seelbach, Hauptstraße 7, 77960 Seelbach, Telefon 0 78 23/94 94 52, Fax /94 94 51;
e-Mail:	gemeinde@seelbach.de
Internet:	www.seelbach-online.de

Storchenturm-Museum
77736 Zell am Harmsbach (Stadtmitte)

Geöffnet:	April bis Oktober	
	täglich außer montags	14.00 – 17.00 Uhr

Heimatmuseum Fürstenberger Hof
Steinrücken 5, 77736 Zell-Unterharmersbach

Geöffnet:	April bis Oktober	
	donnerstags	14.00 – 17.00 Uhr
	sonntags	14.00 – 17.00 Uhr

Infos:	Tourist-Info Zell am Harmersbach, Alte Kanzlei, 77736 Zell am Harmersbach, Telefon 0 78 35/63 69 47, Fax /63 69 50;	
e-Mail:	tourist-info@zell.de	
Internet:	www.zell.de	

Zeller Keramik (Geschwister Hildebrand GmbH)
Hauptstraße 2, 77736 Zell am Harmersbach

Geöffnet:	montags bis freitags	9.00 – 17.30 Uhr
	samstags	9.00 – 16.00 Uhr
	Mai bis Dezember auch sonn- und feiertags	9.30 – 17.00 Uhr
Info:	Telefon 0 78 35/7 86-0, Fax /7 86-52;	
Internet:	www.zeller-keramik.de	

Nordracher Puppenmuseum
Im Dorf 76, 77787 Nordrach

Geöffnet:	Juli und August	täglich 14.00 – 17.00 Uhr
	September bis Juni freitags, samstags, sonn- und feiertags	14.00 – 17.00 Uhr
Info:	Telefon 0 78 38/12 25 oder /3 13	
weitere Infos:	Tourist-Info Nordrach, Im Dorf 26, 77787 Nordrach, Telefon 0 78 38/92 99 21, Fax /92 99 24;	
e-Mail:	tourist-info@nordrach.de	
Internet:	www.nordrach.de	

Kartentipp:
1 : 50 000 TOP Blatt 4 Offenburg, Hornberg

In Alpirsbach

Beten und Büffeln – das soll Spaß machen und was für einen Urlaubstag sein? Und dazu noch in den Ferien? Dass es das tatsächlich tut, dass diese seltsame Kombination wirklich Spaß macht, können Kinder durch ein neues Angebot für sie in Alpirsbach einmal austesten.

Der Luftkurort **Alpirsbach** an der oberen Kinzig ist vor allem als Klosterstadt bekannt. Das Kloster wurde 1095 als ein mit vielen Ländereien ausgestattetes Doppelkloster gegründet und 1099 eingeweiht. Da es zudem Vogtei, also Sitz eines Richters, war, gelangte der Ort so zu einigem Wohlstand, der bis 1505 anhielt. Danach richteten und Brände und aufrührerische Bauern schwere Verwüstungen an. Die Säkularisierung von 1807, also die Überführung des geistlichen in weltlichen Besitz, führte schließlich zur Aufhebung des Kirchengutes mit sämtlichen Rechten und Besitzungen. Dennoch: Die romanische *Klosterkirche*, eine außergewöhnlich stilgetreue, dreischiffige Säulenbasilika, ist eines der am besten erhaltenen Beispiele der clunyschen Reformarchitektur. Heute jedoch wird sie durch die evangelische Kirche genutzt. Unbedingt näher ansehen sollte man sich das Relief „Christus auf dem Regenbogenthron“ über dem Eingangsportal sowie die Lastersäule (rechts) und Tugendsäule (links) im Innern, deren Bestandteile zu erkennen und zu deuten vielleicht auch Kinder interessieren wird. Führungen durch die Gesamtanlage und den Kreuzgang sind eine lohnende Sache.

Neu ist, dass im Kloster zum Thema „Mönche und Scholaren“ ein *Museum* eingerichtet wurde. Und genau hier finden die **Kinderprogramme** statt, auf die sich der Titel dieses Kapitels bezieht. Anhand von hier aufgefundenen Briefen der Klosterschüler erfahren sie, was diese damals bewegte und wie ihr Tagesablauf aussah. Anschließend können sie ihr neu erworbenes Wissen kostümiert und im Rollenspiel umsetzen und in der pädagogischen Werkstatt wie damals malen und basteln... Für Kindergruppen oder anlässlich von Kindergeburtstagen ist diese Veranstaltung übrigens auch als Sonderführung (mindestens zwei Wochen im Voraus) buchbar.

Dass Mönche gute Biere brauen, ist allgemein bekannt. Von der Qualität des *Klosterbräus* in Alpirsbach werden sich die Erwachsenen gerne selbst überzeugen lassen.

Weshalb es eine so enge Verbindung zwischen Glasbläsern und Mönchen gibt, ist dagegen bis heute nicht befriedigend geklärt. Man weiß aber speziell von den Benediktinerklöstern St. Peter, St. Blasien, St. Georgen und Gengenbach, dass sie eigene Glashütten besaßen oder an Glasbläser verpachteten. Auch Alpirsbach hatte und hat eine

Die Scholaren versuchen sich in Schönschrift

Glasbläserei, und die kann auch besichtigt werden. Sie liegt dem Kloster gegenüber (etwas versteckt) hinter dem Gasthaus „Löwen". Es ist ein faszinierendes Erlebnis, bei einer Betriebsführung mitzuverfolgen, wie der Glasmacher den Rohstoff Glas gestaltet. Kaum zu glauben, dass reiner Quarzsand, Pottasche und Bleimenninge die Grundsubstanzen dafür sind. Und, zumindest bei den handwerklichen Glasbläsern, werden noch fast die selben Werkzeuge wie vor 500 Jahren benutzt.

Wer die Umgebung kennen lernen möchte, dem sei noch eine reizvolle kleine Wanderung vorgeschlagen: Bei Alpirsbach gibt es die „Trinkwassertalsperre Kleine Kinzig". In Zusammenhang damit wurde der **„Schwarzwälder Wasserpfad"** im landschaftlich idyllischen Tal der „Kleinen Kinzig" angelegt. Er informiert auf 34 Tafeln über alles, was mit Wasser zusammenhängt und ist bequem auch mit kleineren Kindern zu gehen.

i

Wie kommt man nach Alpirsbach?
Per Bahn: Gute Bahnverbindungen über Freudenstadt und Hausach.

Per Pkw: Von Freudenstadt auf der B 294 direkt nach Alpirsbach.
Vom Rheintal auf der A 5, Ausfahrt Rastatt (Nr. 49), weiter auf der B 462 Richtung Freudenstadt, B 294/B 462 bis Alpirsbach oder A 5, Ausfahrt bis Offenburg (Nr. 55), dann das Kinzigtal hoch (B 33/B 294) bis Alpirsbach.

Wanderung zur Karlsquelle:
Ausgangspunkt ist der Parkplatz beim Kloster in der Ortsmitte von Alpirsbach.

Historische Klosteranlage Alpirsbach

Geöffnet:	15. März bis 1. November	
	werktags	9.30 – 17.30 Uhr
	sonn- und feiertags	11.00 – 17.30 Uhr
	2. November bis 14. März	
	donnerstags und samstags	13.30 – 15.30 Uhr
Eintritt:	Erwachsene	EUR 2,50
	Kinder	EUR 1,20
Info:	Telefon 0 74 44/5 10 61, November bis März: Telefon /95 16-2 81 (Tourist-Information);	

Alpirsbacher Glasbläserei
Krähenbadstaße 3, 72275 Alpirsbach

Geöffnet:	montags bis freitags	10.00 – 18.00 Uhr
	samstags	10.00 – 16.00 Uhr
	ab Ostern zusätzlich	
	sonntags	14.00 – 17.00 Uhr
Eintritt:	frei	
Infos:	Telefon 0 74 44/60 09, Fax /20 57;	
e-Mail:	Glasblaeserei-Alpi@t-online.de	

weitere Infos: Tourist-Information Alpirsbach, Haus des Gastes, Hauptstraße 20, 72275 Alpirsbach, Telefon 0 74 44/95 16-2 81, Fax /95 16-2 83;

e-Mail: tourist-info@alpirsbach.de

Internet: www.alpirsbach.de

Schwarzwälder Wasserpfad

Ausgangspunkt: Infopavillon am Wanderparkplatz „Oberes Dörfle"/„Kleine Kinzig" bei Reinerzau. Achtung: Reinerzau ist mehrere Kilometer von Alpirsbach entfernt: Entweder ist ein Pkw erforderlich oder muss die Anreise über Freudenstadt erfolgen, von wo aus es eine Busverbindung gibt.

Der Pfad ist kinderwagengeeignet. Flyer oder eine ausführliche Broschüre (letztere EUR 10,00) sind bei der Tourist-Information Alpirsbach erhältlich.

Weglänge: 6 km
mit Umrundung des Stausees: 12 km

Kartentipps:
1 : 50 000 RV 11687 Horb, Rottweil
1 : 50 000 TOP Blatt 5 Freudenstadt, Schramberg

Nach Lossburg

Die Kinzigfee gibt's wirklich. Na ja, fast wenigstens. Zu bestimmten Terminen kann man sie in Lossburg herbeirufen. Immer da ist das neue Zauberland und allein das rechtfertigt eigentlich den Ausflug hierher.

Lossburg hat im „Zauberland an der Kinzig" etwas wirklich Schönes geschaffen und für Familien sei vorab verraten: Es kostet keinen Cent Eintritt. Wenn das nicht mit Zauberei zu tun hat...

Das „Zauberland" ist ein begehbarer *Naturpfad* zum Erspüren der Elemente Wasser, Luft und Erde – und zwar mit allen Sinnen. Auch Märchen, Sagen und Mythen spielen eine Rolle. Stationen unterwegs sind die begehbare Kräuterduftspirale, die Wasserlabyrinth-Spielewelt, der Quellenpfad im Feenwald, der „Platz der Weisheit" mit Athene, der „Mutplatz", der „Frau Holle-Brunnen" oder der Floßsteg über den Kinzigsee.

Zu bestimmten Terminen übers Jahr gibt es Familiennachmittage mit der Fee. Das heißt, ob sie kommt, hängt von allerlei ab. Kinder müssen über das Zauberland zu ihr an die Quelle wandern, sie müssen natürlich auch so einigermaßen brav gewesen sein und sie müssen

Märchenstunde bei der Kinzigfee

einen Zauberspruch lernen und gemeinsam rufen. Wenn dann alle losrennen dürfen und an der Quelle ankommen, kann es sein, dass dort im Nebel an der Kinzigquelle die Fee in einem weißen Kleid sitzt und ein Märchen erzählt: Es kam zur Quellteilung der Kinzig (deren einer Teil Richtung Alpirsbach, der andere durch Lossburg gelenkt wird), weil sich vor langer, langer Zeit der kleine Hans davor fürchtete, seinen Vater durch den dunklen und gefährlichen Wald zur Mühle nach Alpirsbach zu begleiten und er sich daher nichts sehnlicher wünschte, als dass es in Lossburg selbst eine gäbe...

Am Ende ist auch das letzte Kind überzeugt, das es eine gute Fee ist, die es da getroffen hat. Und die begleitet die Kinder nun an der Hand hinaus bis zum Waldrand, vielleicht für ein letztes Foto zusammen mit ihr. Wer mag, kann dann auch noch einmal ins „Zauberland" zurückkehren.

Die Mühle, von der im Märchen die Rede war, gibt es heute nicht mehr. Aber noch immer fließt ein Teil der Kinzigquelle durch diesen Wassergraben nach Lossburg, dann über den Fischbach in die Glatt und bei Horb in den Neckar. Erst wenn der Neckar bei Mannheim in den Rhein mündet, sind die Wasser der Kinzigquelle wieder miteinander vereint.

Ein Teil des Quellwassers läuft in den Kinzigsee, ein großer Teil aber wurde früher auch als Trinkwasser in so genannten „Teucheln" nach Lossburg geleitet. „Teucheln" nannte man die ausgehöhlten Baumstämme, die als „natürliche" Wasserleitungen ihren Inhalt vor Verschmutzung und Verdunstung schützten. Ihre Herstellung erforderte einen eigenen, heute verschwundenen Handwerksberuf, den „Teuchelmacher". Auf Reste solcher alter Teuchel trifft man noch heute an vielen Orten. Auf der Burg Zavelstein (s. Kapitel 10 „Endlich Frühling"), wo noch ein eiserner „Teuchelbohrer" hängt, kann man gut sehen, wie die einzelnen Holzröhren mit runden Eisenstücken verbunden wurden, um an den Nahtstellen Sickerverluste zu vermeiden.

Die Kinzig hatte und hat für den Schwarzwald eine wesentliche Bedeutung. Sie war Flößerstraße und Namensgeber für eine Stilart des Schwarzwaldhauses, die sich die „Kinzigtaler Bauweise" nennt. Sie ist auch die Sprachgrenze zwischen dem Alemannischen des Südens und dem Schwäbisch-Fränkischen des Nordens. Und sie wird – und damit sind wir in der Gegenwart angelangt – teilweise auch als die Grenze zwischen Nord- und Süd- bzw. Nord- und Mittlerem Schwarzwald angesehen.

Direkt beim „Zauberland" ist auch das **Lossburger Freibad.** Rutschbahn, Wasserpilz, Kinderplanschbecken sowie ein Bachspielplatz an der Kinzig sorgen bei Klein und Groß für den sommerlichen Badespaß. Das Bad ist übrigens auf 23 Grad Celsius beheizt und von Mai bis September geöffnet.

Lossburg, Bundessieger des Wettbewerbs „Familienferien in Deutschland", tut eine Menge für Familien. Es gibt viele Spielplätze und Grillstellen, auch Ponyreiten oder (im Rahmen der Waldschule) Holzfäller-Exkursionen, in denen dann der durch ein Quiz ermittelte „Holzfällerkönig" gekürt wird.

Alle Informationen dazu erhält man in der Broschüre „Ihr Reisebegleiter durch Lossburg" oder bei der Lossburg-Information im KinzigHaus (s. u.).

Sommerspaß im Wasser-Labyrinth

Wie kommt man nach Lossburg, ins „Zauberland“?
Per Bahn: Gute Bahnverbindungen über Freudenstadt. Das „Zauberland“ ist in einem kurzen Spaziergang vom KinzigHaus aus zu erreichen.

Per Pkw: Von Freudenstadt auf der B 294 Richtung Alpirsbach bis Lossburg. Vom Rheintal auf der A 5, Ausfahrt bis Rastatt (Nr. 49), weiter auf der B 462 Richtung Freudenstadt bis Lossburg.

Zauberland und Freibad sind am Ende des Ortes an der Straße nach Schömberg zu finden, beide direkt an der Kinzig.

Frei(zeit)bad Lossburg

Geöffnet:	Mai bis September	
	täglich	9.00 – 20.00 Uhr
	Kassenschluss	19.00 Uhr
Infos:	Lossburg-Information im KinzigHaus, Hauptstraße 46, 72290 Lossburg (Ortsmitte), Telefon 0 74 46/95 06-0, Fax/95 06 14;	
e-Mail:	lossburg-information@lossburg.de	
Internet:	www.lossburg.de	

Kartentipps:
1 : 50 000 TOP Blatt 5 Freudenstadt, Schramberg
1 : 20 000 Wanderkarte Oberes Kinzigtal

In Freudenstadt

Freudenstadt ist der Dreh- und Angelpunkt der meisten Ausflüge im Bereich des Nordschwarzwalds. Ehrensache, dass die Stadt selbst auch vieles zu bieten hat. Zum Beispiel den sehr hübsch gemachten Naturerlebnispfad. Auch in der Stadt selbst: Ein großer Spielplatz ist direkt vor der Stadtkirche, wo auch das „Kurbähnle" startet. Vor allem aber die Fontänen, deren Düsen direkt aus dem Boden kommen, so dass Kinder unter ihnen mit viel Spaß hin- und herlaufen können. Und vieles andere mehr.

Abkühlung an heißen Sommertagen

Freudenstadt liegt 700 bis 1 000 Meter über dem Meeresspiegel und ist damit die höchstgelegene Stadt Württembergs. Als Kreisstadt, heilklimatischer Kurort und Wintersportplatz wurde sie zum Zentrum des Nordschwarzwaldes. Bekannt ist sie auch wegen ihrer Stadtkirche, die über Eck gebaut ist, und wegen ihres Grundrisses (hier lohnt einmal ein Blick auf den Stadtplan), der einem Mühlebrett ähnelt und in dessen Zentrum der große quadratische Marktplatz liegt. Seit er im unteren Teil mit 50 Fontänen neu gestaltet wurde, haben Kinder (und nicht nur die) ihr Herz für ihn entdeckt. Der Markt ist ja, das fällt sofort auf, überdimensional groß. Das hat seinen Grund darin, dass die Pläne des Baumeisters Heinrich Schickhardt in der Mitte dieses Platzes ursprünglich ein herzogliches Schloss vorsahen. Durch den Tod Herzog Friedrich I. (1608) kam dieser Bau jedoch nicht zustande. Doch in den Arkadengängen, die den Platz umsäumen, sind Geschäfte untergebracht, die einen Bummel lohnen. Auch wer nach Cafés oder Restaurants sucht, wird hier schnell fündig.

Bis an die Stadt heran reicht der Freudenstädter **Parkwald**, mit rund 200 Kilometern Wegenetz einer der größten Landschaftsparks Deutschlands. Von den vielen Wandermöglichkeiten soll hier nur eine herausgegriffen werden, die auf dem **Naturerlebnispfad**. Es gibt vieles zu entdecken. Vielleicht sogar dass ein Baumtelefon interessanter ist als ein Handy? Ungefähr auf der Hälfte der Strecke gibt es eine Grillstelle und Spielgeräte.

Mindestens drei Stunden Zeit sollte man einplanen, festes Schuhwerk tragen und sich ansonsten von der *leuchtend gelben* Markierung von Station zu Station führen lassen.

Erlebenswert sind in Freudenstadt auch das **Schaubergwerk** „Historisches Silberbergwerk“ und der **Waldgeschichtspfad** (beides Kapitel 3 „Glück auf!“).

Weil Freudenstadt als Kreisstadt ja für den Kreis zuständig ist, kann man als Familie hier auf der Tourist-Information auch viele ortsübergreifende hilfreiche Broschüren erhalten: So gibt es eine zum Thema Radeln, eine listet die Spielplätze auf und eine andere die Erlebnispfade. Eine gute Sache für Familien ist das 2003 gestartete Modellprojekt „Landerleben“, das auch 2004 zu bestimmten Terminen im Juli und August verschiedene familiengerechte Angebote mit allen dazu notwendigen Informationen zusammenfasst.

Das riesige Holzxylophon auf dem Erlebnispfad

Wie kommt man zum Naturerlebnispfad Freudenstadt?
Per Bus: Haltestellen „Freudenstadt-Nord“ (an der „Karneolbrücke“) und „Krankenhaus“.

Per Pkw: Von Freudenstadt die L 405 (Wildbader Straße) zur B 294. Einstieg: Parkplatz „Heideweg“ oder „Hüttenteich“.

Weglänge:	2,2 km

Kurbähnle Freudenstadt
Rundfahrten mit Erklärungen Starten vom Marktplatz an der Stadtkirche aus und dauern etwa 30 Minuten.

Fahrzeiten:	Mai bis September	ab 10.00 Uhr
	immer zur halben und zur vollen Stunde, ausgenommen in der Mittagspause zwischen 12.00 und 13.00 Uhr;	
Infos:	Telefon 0 74 41/41 33	
Fahrpreis:	pro Person	EUR 3,00
weitere Infos:	Kongresse Touristik Kur (KTK), Marktplatz 64, 72250 Freudenstadt Telefon 0 74 41/ 8 64-7 30 oder /8 64-7 31, Fax /8 51 76;	
e-Mail:	touristinfo@freudenstadt.de	
Internet:	www.freudenstadt.de	

Im „BarfussPark" in Dornstetten-Hallwangen

Barfuß über Rasen, Sand, Moos, Erde, aber auch über spitzige Kiesel und durchs Wasser gehen... Den Gleichgewichtssinn testen, sich rückwärts über unterschiedlich hohe Stelzen tasten, aber auch mit geschlossenen Augen ganz bewusst die Stille, das Rauschen des Windes oder Vogelrufe erleben, das alles kann man im „Nordschwarzwälder BarfussPark"!

Barfuß über Stock und Stein

Die einzelnen Stationen quer durch den **BarfussPark** sind durch einen Rindenmulchbelag verbunden, so dass angenehmes Barfuß-Gehen möglich ist. Dennoch wird mancher vielleicht so etwas wie Muskelkater spüren. Nur wenige sind es nämlich noch gewohnt, barfuß zu gehen, wobei der Fuß ganz anders abrollt.

Besonders spannend wird der Gang durch den BarfussPark, wenn man sich einem der Trainer oder Trainerinnen anvertraut, die dem Gehirn bei einer der „Brain-Fit"-Erlebnis-Führungen ungewohnte Aufgaben stellen. Schon allein die Vornamen einzelner Teilnehmer rückwärts zu buchstabieren ist eine echte Herausforderung. Aber die Trainer kennen noch viele andere „Spiele", die allen Spaß machen und die die Koordination und Konzentration fördern. Die Führungen sind vor allem für Gruppen gedacht, nach telefonischer Voranmeldung können daran aber oft auch einzelne Familien teilnehmen.

Der Pfad ist nur im Sommerhalbjahr begehbar und am angenehmsten ist sicher eine Temperatur von 20 bis 25 Grad Celsius. Aber schon Lufttemperaturen ab 10 Grad Celsius aufwärts dürften durch die Bewegung keinerlei Probleme bereiten.

Spaß und Spiel kommen auch außerhalb des Rundwegs nicht zu kurz. Spielwiese, Waldspielplatz oder Picknickplätze bieten auch „gehfaulen" Füßen oder im Anschluss an den Parcours noch Abwechslung. Eine nette Idee, mit der man die Erinnerung an den schönen Ausflug, den Spaß, den man dabei hatte, verlängern kann, ist der Tipp, aus Käse- oder Quarkmürbteig mit Sesam, Mohn, Kümmel oder eben Käse zu Hause „Käsfüßle" zu backen. Die original „BarfussPark-Käsfüße"-Backform kann man sich, ebenso wie Rezepte, als Souvenir in der Tourist-Information Dornstetten besorgen...

Und dabei kann man dann gleich zum Einkehren oder einfach nur zu einem kleinen Bummel durch **Dornstetten** mit seinen hübschen Fachwerkhäusern aufbrechen (wozu es auch einen Flyer „Historischer Altstadtrundgang" gibt).

Reizvoll ist außerdem ein Besuch im *Puppen- und Spielzeugmuseum „Haus Hegel"* am Marktplatz, wo Puppen, Puppenstuben, Kaufläden, Küchen, Blechspielzeug und Modelleisenbahnen aus dem 19. und aus der ersten Hälfte des 20. Jahrhunderts liebevoll gesammelt, bewahrt und ausgestellt werden.

Den BarfussPark kann man nicht nur einmal, sondern immer mal wieder besuchen, und so ist es vielleicht gut im Kopf zu behalten, dass man ihn ein anderes Mal mit dem Bergwerk „Himmlisch Heer" in Dornstetten-Hallwangen (s. Kapitel 3 „Glück auf!") kombinieren kann...

Spiel und Spaß im BarfussPark

BarfussPark (in Dornstetten-Hallwangen)

Wie kommt man hin?
Per Bahn: Ab Freudenstadt (Verbindungen bitte am Bahnhof unter Telefon 0 74 41/95 04 32 erfragen).

Per Pkw: Über die A 8, bis Ausfahrt Horb (Nr. 30), dann Richtung Freudenstadt; die Zufahrt zum BarfussPark ist ausgeschildert.

Geöffnet:	täglich (nur im Sommerhalbjahr begehbar, Hunde dürfen nicht mitgeführt werden, der Parcours ist nicht rollstuhlgeeignet)	9.00 – 13.00 Uhr
Weglänge:	Gesamtrunde: ca. 2,4 km „Eingewöhnungsrunde“: 1,4 km	

Eintritt:	Eintritt kostenlos, Parkgebühr EUR 3,00 für 3 Stunden; Auskünfte über und Anmeldungen zu Führungen bei der Tourist-Information Dornstetten (s. u.).
Internet:	www.barfusspark.de

Puppen- und Spielzeugmuseum
Marktplatz 12, 72280 Dornstetten

Geöffnet:	mittwochs und sonntags	14.00 – 17.00 Uhr
Eintritt:	frei	
Infos:	Tourist-Information Dornstetten, Marktplatz 2, 72280 Dornstetten, Telefon 0 74 43/96 20 30, Fax /96 20 99;	
e-Mail:	info@dornstetten.de	
Internet:	www.dornstetten.de	

In und um Pfalzgrafenweiler

Spielen und Spaß haben, das steht heute in Pfalzgrafenweiler neben der noch immer sehr eindrucksvollen Burgruine Mandelberg auf dem Programm. Und Spaß haben kann man hier ganz prima, am Spielplatz bei der Ruine Mandelberg, auf einem Spaziergang zur Nördlinger Hütte (Ruine Vörbach) und beim Spiel am Wasser, rund ums Wehr am Bösinger Wasserhäusle.

Ausgangspunkt dafür ist der **Waldpark- und Spielplatz „Ruine Mandelberg"** in Pfalzgrafenweiler-Bösingen. Die Zufahrt findet man von Bösingen her einfach: Man muss nur dem Wegweiser zur Ruine Mandelberg folgen.

Der Spielplatz selbst ist wunderschön am Waldrand gelegen. Neben einer zeltartigen Hütte mit Schwenkgrill ist er mit Rutsche, Reck, Schaukeln, Torwand, Klettergerüst und einem kleinen Sandkasten ausgestattet.

Die **Ruine Mandelberg** ist vom Spielplatz aus auf einem eben in den Wald führenden Weg in nur wenigen Gehminuten zu erreichen. Wer die Rittersleute waren, die die ursprünglich vier Burgen, darunter eben die Burg Mandelberg, rund um Pfalzgrafenweiler bewohnten und wann sie diese bauten? Alles das weiß man, aber warum und zu welchem Zweck hier an der Westseite des Waldachtales beim Ort Pfalzgrafenweiler auf engstem Raum gleich vier Burgen etwa zeitgleich errichtet wurden, darüber gibt es bis heute keine hinreichende Erklärung. Zu Recht jedenfalls gilt die Ruine Mandelberg als eines der stattlichsten Kulturdenkmäler des Kreises Freudenstadt. Ihr *Bergfried* ist über eine schier endlose Wendeltreppe mit 170 Stufen (wer zählt nach?) als Aussichtsturm zugänglich gemacht. Außer ihm sind nur noch einige *Ringmauerreste* und der *Burggraben* vorhanden. Die Burg Mandelberg wurde um 1250 erbaut und im Jahre 1525 zerstört. Im Zusammenhang mit Grabungen konnte man feststellen, dass es sich um eine Burg des „niederen Adels", also von einfachen Rittern gehandelt hat, deren Leben eher beschwerlich als luxuriös war.

Mit dem steilen Abstieg ins Waldachtal (auf dem ehemaligen Rundweg 4) beginnt die kleine Wanderung. Unten wendet man sich nach rechts und folgt dem Bach flussabwärts. Der Weg führt immer wieder knapp ans flache Wasser und vorbei am „Silberbrünnele", einer unter Wurzeln breit aus dem Berg strömenden Quelle, deren Wasser gleich darauf in der Waldach verschwindet. In einer Talweitung erreicht man wenig später eine zweite, die in einem Steinmäuerchen gefasste *Schlossquelle*. An ihr rechts vorbei, über einen Schotterweg hinweg, steigt man in Serpentinen durch den Wald hinauf zur *Nördlinger Hütte*, der ehemaligen *Burg Vörbach*, auf.

Die Burg Vörbach wurde im 12./13. Jahrhundert erbaut und im 17. Jahrhundert weitgehend zerstört. Nach dem großen Brand von Pfalzgrafenweiler 1798 wurden Steine der Burg zum Wiederaufbau des Ortes verwendet. Auf einem Stumpf des Eckturmes der Ringmauer errichtete der Schwarzwaldverein 1906 die nach dem damaligen Vorsitzenden benannte, 1990 umgebaute und renovierte, aber unbewirtschaftete **„Nördlinger Hütte"**.

Die kleine Schleuse am „Bösinger Wasserhäusle"

Anschließend geht es zurück bis zur *Schlossquelle* hinunter und weiter zunächst wieder am Bachlauf entlang bis zu einer Kreuzung mit einem weiteren geschotterten Weg, dem wir nach rechts folgen bis vor zum unterhalb der Ruine Mandelberg gelegenen *„Bösinger Wasserhäusle"*. Die 1893 erbaute Pumpstation mit Stauwehr und Wasserrad war bis 1991 in Betrieb. Quellwasser wurde durch sie in höher gelegene Ortschaften gepumpt und über Rohre direkt in die angeschlossenen Häuser geleitet. Heute ist das Wasserhäusle Industriedenkmal und ein auch von Kindern gerne angenommenes Wanderziel.

Wenige Meter bachaufwärts ist ein kleines Wehr mit einer wasserumtosten Insel – ein prima Platz für mutige Kinder. Das Gefälle und die Strömung machen diesen Platz zwar spannend, aber auch nicht ungefährlich. Die Erwachsenen sollten dabei sein!

Die **Ruine Mandelberg** ist in Sichtweite darüber, der Rückweg dorthin ist ausgeschildert und je nach Kondition steil und direkt oder bequemer aber etwas länger zu erreichen.

Wer noch sehen will, was von den beiden anderen Burgen übrig geblieben ist, fährt am besten mit dem Auto dorthin. Von der ehemaligen **Burg Pfalzgrafenweiler** zumindest ist nicht mehr als ein Hügel auf einer Viehweide übrig. Er liegt in Pfalzgrafenweiler an der Straße nach Durrweiler, zwischen der „Turn- und Festhalle" und dem „DRK-Mutter-Kind-Heim".

Pfalzgraf Hugo II. von Tübingen hatte die Burg Mitte des 12. Jahrhunderts zur Sicherung seiner Gebiete im „Weiler Wald" errichten lassen. Von der Zugehörigkeit des Ortes zu den Tübinger Pfalzgrafen leitete sich dann auch der Name ab: „Pfalzgrafenweiler". Die Zeiten müssen damals wirklich unsicher gewesen sein, denn schon 1165 wurde die Burg zum ersten Mal zerstört. Danach wurde sie wieder aufgebaut, aber im 16. Jahrhundert endgültig aufgegeben.

Um zur **Ruine Rüdenberg** zu kommen, muss man über Pfalzgrafenweiler nach Unterwaldach fahren. Wenige hundert Meter nach Unterwaldach geht von der Straße nach Oberwaldach rechts ein Wanderweg hoch zur Ruine, die unweit der Straße auf einem Bergsporn liegt.

Rückenberg ist die kleinste der drei noch erhaltenen Burgruinen. Sie wurde um 1220/1250 erbaut und im 16. Jahrhundert zerstört. Heute sind nur noch einige Mauerreste vorhanden.

Pfalzgrafenweiler war lange Poststation. Hier, etwa auf halber Strecke zwischen Stuttgart und Straßburg, wurden die Pferde gewechselt. Aus dieser Zeit stammt die Vielzahl der Gasthäuser, in denen man auch heute noch gut einkehren kann.

Sind wir nicht schön?

Sei es als Schulklasse oder anlässlich eines Kindergeburtstags: Wer mag, kann in der Gruppe in Pfalzgrafenweiler-Edelweiler das „Kuh-le Bauernhofdiplom“ erwerben: Kinder streicheln und füttern dafür die (echten) Tiere, melken die (Papp-)Kuh und machen selbst ihre Butter...

Wie kommt man nach Pfalzgrafenweiler?
Per Pkw: B 28 durch Nagold, Altensteig, Richtung Freudenstadt, ab Abzweigung Bösingen ausgeschildert.

Weglänge: ca. 5,5 km

Das „Kuh-le Bauernhofdiplom“

Wie kommt man hin?
Edelweiler ist ein außerhalb gelegener Ortsteil Pfalzgrafenweilers.

Infos und Anmeldung:	Ferienhof Hirschfeld, Teichweg 2, 72285 Pfalzgrafenweiler-Edelweiler, Telefon 0 74 45/24 75, Fax /85 98 78;
weitere Infos:	Gäste-Information Pfalzgrafenweiler, Am Marktplatz, 72285 Pfalzgrafenweiler, Telefon 0 74 45/85 90 01, Fax /85 90 02;
e-Mail:	info@pfalzgrafenweiler.de
Internet:	www.pfalzgrafenweiler.de

Kartentipps:

1 : 50 000 TOP Blatt L 7516 Freudenstadt

1 : 25 000 Örtliche Wanderkarte Weiler Wald

Dampfzüge und traditionelle Bahnstrecken

Der Schwarzwald ist gut mit der Eisenbahn zu erreichen. Von Stuttgart fährt die „**Gäubahn**" nach Eutingen und von dort nach Freudenstadt.

Ab Freudenstadt werden fast alle Himmelsrichtungen bedient: von Osten kommt man mit der Gäubahn, nach Norden rollt die Murgtalbahn, die Kinzigtalbahn fährt nach Westen.

Drei Dampfzüge verkehren noch regelmäßig: die „Achertalbahn" zwischen Achern und Ottenhöfen, die „Albtalbahn" zwischen Ettlingen und Bad Herrenalb und die „Murgtalbahn". So ein Ausflug in die Vergangenheit, das hätte ist doch auch einmal seinen Reiz für einen Familienausflug! Außerdem gibt es historische Bahnlinien, von denen jede einzelne auch mit modernen Wagen und höherer Geschwindigkeit attraktiv und reizvoll ist.

Für alle Bahnen gilt die sorgfältige Information über die Fahrzeiten und zur Sicherheit die Fahrkartenreservierung vorab (s. Info-Teil am Ende des Kapitels).

Die **Achertalbahn** hat ihren 100. Geburtstag schon lange hinter sich. Doch die kleine Lokomotive „Badenia" der Baureihe T3 zieht Dritte-Klasse-Holzwagen, die zum Teil sogar noch aus dem Eröffnungsjahr stammen, von Mai bis Oktober an vielen Sonntagen auf der knapp elf Kilometer langen Strecke zwischen Achern und Ottenhöfen (Infos über die Tourist-Information Ottenhöfen, s. Kapitel 17 „Mühlenweg oder Felsenpfad?"). An allen übrigen Sonntagen fährt die Achertalbahn auch, aber nur mit Triebwagen.

Den aktuellen Fahrplan findet man jeweils im DB-Kursbuch unter der Streckennummer 717. Die Strecke kann auf Wunsch nur teilweise (Achern – Kappelrodeck, Ottenhöfen – Kappelrodeck) befahren werden. Auch dieser Zug ist übrigens bewirtschaftet.

Die **Albtalbahn** fährt an etlichen Wochenenden zwischen Mai und Dezember als historischer Dampfzug durchs Albtal. Die Züge sind bewirtschaftet. Sonntags werden kostenlos Fahrräder transportiert. Für die 19 Kilometer lange Strecke von Ettlingen nach Bad Herrenalb benötigt die Dampflokomotive eine dreiviertel Stunde, zurück nur eine halbe Stunde. Für Eisenbahnfreunde jeden Alters ist das Bahnhofsfest (Ende August) in Bad Herrenalb geradezu ein „Muss": Fahrten mit dem Dampfzug, Fahrzeugschau, Oldtimerbusfahrten, Modelleisenbahnen, Mitfahrten auf einer Diesellok, aber auch Musik, Essen, Kinderschminken und vieles mehr stehen dann auf dem Programm.

Bahnhofsfest in Bad Herrenalb

Zu allen übrigen Zeiten ist die Fahrt mit der regulären (modernen) Albtalbahn (AVG) stets eine Alternative. Sie verbindet die Karlsruher Innenstadt (ab/bis Marktplatz) mit Bad Herrenalb durch den Karlsruher Verkehrsverbund (KVV) und hat Anschluss zu allen wichtigen Zugverbindungen.

Der Schwarzwald ist gut mit der Eisenbahn zu erreichen. Von Stuttgart fährt die „**Gäubahn**“ nach Eutingen und von dort nach Freudenstadt.

Ab Freudenstadt werden fast alle Himmelsrichtungen bedient: von Osten kommt man mit der Gäubahn, nach Norden rollt die Murgtalbahn, die Kinzigtalbahn fährt nach Westen.

Die **Murgtalbahn**, die zwischen Rastatt und Freudenstadt verkehrt, hat Anschluss an die Schwarzwaldbahn und die Strecken nach Pforzheim und Stuttgart. Auf der 58 Kilometer langen Strecke müssen 619 Höhenmeter bewältigt werden. Die Fahrt geht allein auf einem Teilstück von 16 Kilometern durch 10 Tunnels mit über 2 Kilometer Länge und über 24 Brücken. Die immens lange Bauzeit verwundert deshalb schon weniger: Die erste Teilstrecke von Rastatt bis Gernsbach wurde 1869 eröffnet; aber erst nach 59 (!) Jahren wurde die gesamte Strecke für den fahrplanmäßigen Zugverkehr freigegeben. Der landschaftlich schönste Teilabschnitt liegt auf der sechs Kilometer langen Strecke zwischen Weisenbach und Forbach. An ein paar wenigen Sonntagen im Jahr fährt sie auf dieser Strecke sogar als Dampfzug.

Die Murgtalbahn lässt sich nutzen für die Ausflüge nach Forbach (s. Kapitel 7 „Von Brunnen zu Brunnen“), nach Gernsbach (s. Kapitel 6 „Das Teufelchen vom ‚Sagenweg’“) oder nach Schiltach (s. Kapitel 23 „Auf den Spuren der Flößer“).

Die **Rheintalbahn** von Karlsruhe nach Basel bietet sich ebenfalls zur Anreise zu vielen Ausflugsorten an, zum Beispiel nach Baden-Baden (s. Kapitel 7 „Von Brunnen zu Brunnen“) oder nach Freudenstadt (s. Kapitel 27 „Holzxylophon und Baumtelefon“).

Die **Enzbahn**, die immer an der Enz entlang von Pforzheim nach Wildbad fährt, eignet sich zur Bahnanreise nach Neuenbürg (s. Kapitel 3 „Glück auf!“ und Kapitel 4 „Ein Bächle – ideal für Kinder“) oder Bad Wildbad (s. Kapitel 9 „MTB-Spaß auf dem Sommerberg“). Nach der mit großem Aufwand erfolgten Sanierung der Strecke fährt die Stadtbahn von Pforzheim nach Bad Wildbad. Dank der S 6 gibt es nun auch regelmäßige Direktverbindungen von Karlsruhe nach Bad Wildbad durch die Stadtbahn.

Die **Kinzigtalbahn** führt von Hausach bis Freudenstadt. Sie ist eine der ältesten Bahnlinien im Schwarzwald. Auf der 39 Kilometer langen Strecke müssen 423 Höhenmeter überwunden werden. Die Bemühungen um den Bau einer Eisenbahnstrecke durch das

Kinzigtal reichen bis 1858 zurück. Die erste Bahn verkehrte 1886. Seit 1985 verkehren nur noch moderne Triebwagen. Doch nach wie vor kann man auf dieser Strecke bequem ein Stück des mittleren Schwarzwalds kennen lernen und den Ausflug mit einem Besuch in Alpirsbach (s. Kapitel 25 „Beten und Büffeln") verbinden.

Infos:	Auskünfte über Fahrpläne, -preise und Anschlüsse erhalten Sie am Bahnhof oder bei der telefonischen Fahrplanauskunft Baden-Württemberg, Telefon 0 18 05/77 99 66 (EUR 0,12/Min.).
weitere Infos:	*„Touren unter Dampf":* Achertalbahn: Telefon 0 78 42/8 04 44 (Tourist-Information Ottenhöfen, s. Kapitel 17) Albtalbahn und Murgtalbahn: Ulmer Eisenbahnfreunde e. V. – Arbeitsgruppe Karlsruhe, Tullastraße 30, 76344 Eggenstein-Leopoldshafen, Telefon 0 72 47/2 12 30, Fax /2 25 74;
Internet:	www.efa-bw.de

31 Nix wie rein!

Die schönsten Badeseen im Schwarzwald

Es gibt Tage, die sind (fast) zu schön für alles andere. Da kann kein noch so imposanter Wasserfall, kein Dampfzug und schon gar kein Museum mithalten. Warum nicht. Auch nur für einen Tag am Wasser lohnt es durchaus, einmal in den Schwarzwald zu fahren und Natur pur als Alternative zum heimischen Freibad zu genießen. Einige der schönsten Badeseen findet man deshalb im Folgenden. Und für die, die den Badeausflug mit etwas anderem verbinden wollen, gibt es natürlich dennoch Tipps. Eins aber vorab: Dieses Kapitel erhebt nicht im Mindesten Anspruch auf Vollständigkeit, gibt es doch über 300 „offizielle“ Badeseen allein in Baden-Württemberg.

Der am weitesten nördlich gelegene ist der **Schwarzenbach-Stausee**. Da hier, im Bereich der höchsten Berge des Nordschwarzwaldes, die stärksten Niederschläge fallen, bot es sich an, den Schwarzenbach zu stauen, um Strom zu erzeugen. Sehenswert ist die 400 Meter lange, 65,3 Meter hohe und an der Basis fast 50 Meter dicke Staumauer. Wie üblich, wird das zur Stromerzeugung ins Krafthaus (im Raumünzachtal) geleitete Wasser mit überschüssigem Nachtstrom wieder in den Stausee zurück gepumpt.

Am See gibt es das „Schwarzenbach-Hotel“ und „Gasthaus am See“, einen Kiosk, dazu Bootsverleih, Badegelegenheiten und die Möglichkeit, allerlei Arten von Wassersport zu treiben. Wegen seiner recht steil abfallenden Ufer ist er für kleinere Kinder weniger geeignet. Vom Parkplatz „Schwarzenbachtalsperre“ aus kann man den See auf einer etwa sechs Kilometer langen Strecke umrunden: Über die Staumauer erreicht man das nördliche Ufer, geht an diesem eben entlang, überquert am Ende des Sees die Landstraße und wandert dann zurück, immer mit Blick auf den See.

Sehr schön und sehr still ist der **Herrenwieser See**. Ein Badesteg mit einer Leiter lädt zum Baden ein. Aber man kann ihn nur erwandern, nicht anfahren.

Vom Parkplatz in Herrenwies aus geht es nach rechts auf einem breiten Weg am Wanderheim vorbei. Wenig später gabelt sich der Weg. Die *blaue Raute* führt hinauf zum Herrenwieser See.

Der **Achernsee** ist Badesee und Strandbad zugleich. Im Bereich des Strandbads gibt es am Ufer einen flach abfallenden Sandstrand, der gerade für kleinere Kinder toll ist. Aber auch außerhalb des Strandbads gibt es schöne Badeplätze, die den Ausflug lohnen.

Ein weiterer See in landschaftlich reizvoller Lage ist der **Bömbachsee** bei **Altensteig.** Essen und Getränke muss man sich mitbringen, aber sein flach abfallendes Ufer ist für Kinder geeignet, Spielen und Toben können sie auf dem Spielplatz.

Wer dann noch einen Spaziergang machen will, nutzt dazu am besten den angrenzenden Lehrpfad, wo allerhand Wissenswertes über die Landschaft vermittelt wird – oder macht einen Bummel durch die sehenswerte Altstadt Altensteigs (s. Kapitel 11 „Ein Höcker oder zwei? Himmel oder Hölle?).

Die **Nagoldtalsperre** wurde gebaut, weil die Nagold, die acht Kilometer oberhalb von Erzgrube bei Besenfeld entspringt, immer wieder, zuletzt 1947, verheerende Überschwemmungen bis hinunter nach Altensteig verursacht hatte. Ein weiterer Vorteil dieser Talsperre ist, dass in trockenen Sommern gezielt Wasser abgelassen und so das Mischungsverhältnis zwischen Frisch- und Abwasser in der Nagold verbessert werden kann.

An der Nagoldtalsperre

Ausflügler kümmert das in der Regel wenig. Man betreibt alle Arten von Wassersport. Für Kinder gibt es einen flachen Uferbereich und einen Spielplatz. Am Nordufer kann man spazieren gehen. Eine Kleingolfanlage und ein Kinderspielplatz ergänzen das Freizeitangebot am Zufluss der Nagold in den oberen Stausee. Ein Kiosk und Restaurants im Dorf sorgen fürs leibliche Wohl.

Den **Silbersee** möchte man allein schon wegen seines Namens besuchen. Erinnerungen an Karl May werden wach... Der kleine Badesee bei Reinerzau, nicht weit von Alpirsbach (s. Kapitel 25 „Beten und Büffeln“) liegt schön, doch muss alles, was man an Essen und Getränken braucht, mitgebracht werden.

Ganz im Gegensatz dazu ist der schöne **Kippenheimweilersee**, der im Auenwald zwischen Offenburg und Emmendingen liegt, Luxus pur. Obwohl der Zugang zum Badespaß auch hier kostenlos ist, werden die Liegewiesen gepflegt, stehen Umkleidekabinen und sanitäre Einrichtungen zur Verfügung. Und wer mag, kann sich im Restaurant des Anglerheims verpflegen.

i

Wie kommt man zur Schwarzenbachtalsperre und zum Herrenwieser See?
Per Pkw: Beide Seen sind von der Querstraße aus zu erreichen, die die B 500 (Hotel „Sand“) mit der B 462 (Raumünzach) verbindet. Die Schwarzenbachtalsperre kann man direkt anfahren, den Herrenwieser See kann man nur erwandern (Beschreibung s. o.).

Infos:	Tourist-Info Forbach (im Rathaus), Landstraße 27, 76596 Forbach, 0 72 28/23 40, Fax /29 97;
e-Mail:	touristinfo@forbach.de
Internet:	www.forbach.de

Wie kommt man zum Achernsee?
Per Pkw: A 5, Ausfahrt Achern (Nr. 53), der See ist an der L 87 gelegen.

Eintritt: nur im Strandbad, nur am Wochenende und feiertags.

Infos: Campingplatz/Strandbad „Am Achernsee“, 77841 Achern

Wie kommt man zum Bömbachsee?
Per Pkw: A 81, Ausfahrt Herrenberg (Nr. 28), weiter auf der B 28 nach Altensteig.

Infos: Verkehrsamt Altensteig (s. Kapitel 11)

Wie kommt man zur Nagoldtalsperre?
Per Pkw: A 81, Ausfahrt Herrenberg (Nr. 28), B 28 bis Altensteig, weiter Richtung Seefeld und zum Ortsteil Erzgrube.

Infos: Seewald-Touristik (s. Kapitel 13 „Felix, der Seewaldfuchs“)

Wie kommt man zum Silbersee?
Per ÖPNV: Es gibt gute Bahnverbindungen nach Freudenstadt. Von dort per Bus nach Reinerzau. Ab Haltestelle „Auerhahn“ noch wenige Minuten weiter zu Fuß.

Per Pkw: Von Freudenstadt auf der B 294 direkt nach Alpirsbach, weiter nach Reinerzau.

Infos: Tourist-Information Alpirsbach (s. Kapitel 25 „Beten und Büffeln“)

Wie kommt man zum Kippenheimweilersee?
Per ÖPNV: Per Bahn nach Lahr, weiter mit dem Bus nach Kippenheimweiler. Von dort noch etwa 10 Minuten zu Fuß.

Per Pkw: A 5, Ausfahrt Lahr (Nr. 56), weiter nach Kippenheimweiler und zum See.

Infos: Ortsverwaltung Kippenheimweiler, 77933 Lahr, Telefon 0 78 25/87 08 30;

Wintersport im nördlichen und mittleren Schwarzwald

Der Schwarzwald gilt als die „Wiege des deutschen Skisports". Kaum einer weiß das und doch ist es so! Bereits vor über 150 Jahren wurde am Feldberg der erste Skiclub Deutschlands gegründet. Und auch der erste Skilift wurde im Schwarzwald erfunden: Ein cleverer Schwarzwälder baute im Winter 1906/07 eine Zugvorrichtung aus Tauen und Haltestangen, die damals sogar noch von einer Wassermühle angetrieben wurde. 280 Meter lang, überwand dieser erste „Lift" einen Höhenunterschied von 30 Metern und schuf eine Technik, ohne die man sich den Abfahrtsskilauf heutzutage gar nicht mehr vorstellen kann.

Ski heil!

Kein Wunder also, dass der Skisport im Schwarzwald großgeschrieben wird. Inzwischen gibt es rund 150 Skilifte und Seilbahnen, teilweise sogar mit Flutlicht. Anfänger finden ideale Bedingungen, aber auch gute Skiläufer kommen auf ihre Kosten. Sogar zum Snowboarden gibt es geeignete Abfahrten. Es gibt Kurse für (fast) jedes Alter und ab sieben Jahren kann ein „Board“ geliehen werden.

Die Hauptskiregionen liegen natürlich im Südschwarzwald und im südlichen Mittelschwarzwald. Aber auch im Nordschwarzwald gibt es (neben unzähligen Loipen) für den **Abfahrts-Skilauf** zahlreiche lohnende Pisten. Sie führen vom „Rückgrat“ Schwarzwaldhochstraße aus (genauer: von den Gemeinden Forbach, Bühl/Bühlertal, Seebach und Freudenstadt) nach beiden Seiten in die Täler. Weitere Skilifte gibt es in den (in diesem Band erwähnten) Gemeinden Alpirsbach, Altensteig, Bad Herrenalb, Bad Wildbad, Baiersbronn, Enzklösterle und Gernsbach sowie im Lossburger Ferienland.

Etwas Besonderes ist das erst neuerdings wiederentdeckte **Schneeschuhwandern.** Der Ursprung des Schneeschuhs geht in die Urzeit zurück (2 500 bis 800 v. Chr.). Aber auch die Trapper und Goldgräber in Alaska benutzten dieses einfache Fortbewegungsmittel im nicht gespurten Schnee. Was passiert? Ganz einfach: mit Riemchen werden die „Schneeteller“ unter den Winterschuhen befestigt – und los geht's! Das könnte doch auch einmal ein Riesenspaß für die ganze Familie sein... Schneeschuhwanderungen werden vom Ruhstein aus, von Baden-Baden oder Freudenstadt aus angeboten.

Doch selbst ohne Ski oder Schneeschuhe ist der Winter im Schwarzwald von besonderem Reiz. Fast alle Gemeinden haben gepflegte Winterwanderwege und nicht nur für Kinder ist **Rodeln** immer mit großem Spaß verbunden. Viele Gemeinden haben Rodelbahnen, die einen Ausflug wert sind, zum Beispiel am Kniebis (Länge 400 Meter, mit Flutlicht von 17.00 bis 22.00 Uhr), am Ruhestein (Länge 300 Meter) oder in Baiersbronn-Tonbach (neben „Rainbaiergasse“, Länge 150 Meter). Eine der schönsten Rodelbahnen findet sich unterhalb des Oberen Parkplatzes auf dem Sommerberg bei Bad Wildbad, wo man nach der Talfahrt mit der Bahn wieder nach oben zur nächsten Runde fährt, wozu es sogar Sondertarife gibt.

Ganz neu zur Wintersaison 2003/04 gibt es in Punkto **Eislauf** Ultimatives: Vollklimatisierte Hallen und modernste Technik sorgen für gleich bleibende Raumtemperaturen und damit optimale Eisqualität im „Eistreff“ in Waldbronn.

Pferdeschlittenfahrten sind eine besonders romantische Art, im Winter die Gegend zu erkunden. Die Gemeinden Altensteig, Bad

Aus der Bahn, wir kommen!

Teinach-Zavelstein, Baiersbronn, Freudenstadt, Neubulach, Pfalzgrafenweiler-Kälberbronn und Seewald bieten sie hier im nördlichen Schwarzwald an.

Winter, Schnee und **Weihnachtsmärkte**, sie gehören in der Vorstellung vieler zusammen. Und deshalb verrät man kein Geheimnis, wenn man darauf verweist, dass es hier im Schwarzwald ganz viele stimmungsvolle Märkte in romantischer Kulisse gibt...

Informationen zu allen angesprochenen Aktivitäten, aber auch zu Weihnachtsmärkten und zu aktuellen Veranstaltungen gibt es bei den jeweiligen Verkehrsämtern, deren Telefonnummern in den Info-Teilen der einzelnen Kapitel zu finden sind. Gute Dienste liefert auch die Broschüre „Nördlicher Schwarzwald – Winter", die man kostenlos über die genannten Verkehrsämter oder bei der Touristik Nördlicher Schwarzwald e. V., (s. u.) erhalten kann. Sie informiert über Skiwanderwege, Langlaufloipen, Skilifte und -kurse, Schneeschuhwandern, Eislaufen, Rodelbahnen, Pferdeschlittenfahrten und Sportgeräteverleih. Sie listet auch die Info-Adressen der Verkehrsämter (mit Telefon, Fax, Internet und e-Mail) sowie die Info-Telefone der einzelnen Skilifte auf, so dass man sich noch kurzfristig über die jeweils herrschenden Schneeverhältnisse informieren kann.

Infos:	Touristik Nördlicher Schwarzwald e. V., Postfach 10 06 66, 75106 Pforzheim, Telefon 0 72 31/1 47 38-0, Fax /1 47 38-20;
e-Mail:	touristik@noerdlicher-schwarzwald.de
Internet:	www.noerdlicher-schwarzwald.de

Wir über uns – Der Schwarzwaldverein e. V.

Schwarzwaldverein

Der Schwarzwaldverein e. V. ist seit 140 Jahren für den Schwarzwald und seine Besucher aktiv.

Mit 241 selbstständigen Ortsgruppen und fast 90 000 Mitgliedern ist der Schwarzwaldverein als zweitgrößter Wanderverband Deutschlands und anerkannter Naturschutzverband zwischen dem Kraichgau im Norden und dem Hochrhein im Süden aktiv. Vom Rhein im Westen wird ein Gebiet bis zu Neckar, Donau und westlichem Bodensee im Osten abgedeckt.

Landschaftsschutz – Die Natur braucht unseren Schutz in den vielen naturnahen Gebieten, die im Schwarzwald noch großflächig vorhanden sind. Der Schwarzwaldverein tritt dafür ein, dass sich auch künftige Generationen an einer intakten Natur erfreuen können. Seit mehr als 100 Jahren leistet er praktische Naturschutzarbeit und Landschaftspflege.

Heimatpflege reicht von der Renovierung historischer Baudenkmale, Unterhaltung von Kleindenkmalen, Aussichtstürmen, dem Aufbau von Museen mit altem Handwerk bis hin zur Pflege von Mundart, Brauchtum und Tradition. Ziel ist es, die Zeugnisse der Vergangenheit im Schwarzwald mit seinen Jahrhunderte alten Bräuchen und seiner traditionsreichen Kulturlandschaft zu schützen und zu bewahren.

Markierung und Unterhaltung des über 23 000 Kilometer großen Wanderwegenetzes gehören ebenso zu seinen Aufgaben, wie Aufbau und Umsetzung des flächendeckenden Wegenetzes mit einheitlicher, durchgängiger Markierung im ganzen Schwarzwald, das mit Wegweisern zielgerichtet Auskunft gibt und dem Wanderer Sicherheit bietet.

Wandern, Jugendarbeit, Familienwandern haben mit einem breitem Freizeitangebot einen festen Platz im Verein. Er bietet geführte Wanderungen in der abwechslungsreichen Landschaft des Schwarzwaldes mit seinen Höhen und Gipfeln, Felsen, Mooren, Seen und Wiesen an.

Das Programm der Wanderakademie Baden-Württemberg mit Wanderangeboten wird durch Seminar- und Schulungsangebote abgerundet.

Eine attraktive Vereinszeitschrift zu den Themen Natur, Kultur und Freizeit erscheint viermal im Jahr.

Die Wanderkarten und Wanderbücher des Schwarzwaldvereins werden regelmäßig überarbeitet und sind eine wertvolle Hilfe auf dem Weg zum Erlebnis „NATUR“.

Weitere Infos: www.schwarzwaldverein.de

Stichwortverzeichnis
(mit Kapitelangaben)

Stichwortverzeichnis
(mit Kapitelangaben)

Ortsverzeichnis
(mit Kapitelangaben)

168 Seiten, 59 Farbfotos

Die Schwäbische Alb bietet mit ihren Höhlen, Felsen, Höllenlöchern, Vulkanen und Versteinerungen eine Fülle von Möglichkeiten, mit Kindern zusammen das Mittelgebirge zu erkunden. Unsere Autorin **Gertrud Braune** stellt in 36 Kapiteln Ausflugsziele der Schwäbischen Alb vor. Schönes und Ungewöhnliches wartet darauf, zu Fuß entdeckt zu werden: Ob weite Ausblicke ins Land vom Hohenneuffen herunter, Baden in Erholungsseen oder eine spannende Bootsfahrt in die Tiefen der Wimsener Höhle – Familien erleben auf der Alb Natur pur und werden ermutigt, ihre Geheimnisse zu erforschen. Ein ausführlicher Info-Teil am Ende jedes Kapitels gibt Auskunft über Anfahrtswege, Öffnungszeiten u. v. m.

ISBN 3-87230-585-9 · EUR 12,80

168 Seiten, 67 Farbfotos

Es gibt viel zu sehen, zu erleben und zu erwandern in und um Stuttgart. Warum z. B. nicht mal in eines der tollen Museen gehen? Die tristen Schaukästen gehören der Vergangenheit an. Basteln, Spielen und Aktiv werden ist angesagt. Oder wer raus will: Wie wär's mit einer nostalgischen Dampfzugfahrt durchs Strohgäu, einem Besuch beim Sterngucker oder einer Geburtstagsfeier auf dem Stuttgarter Flughafen? Unsere Autorin **Birgit Blessing** gibt viele Tipps für Ausflüge mit Kindern zu jeder Jahreszeit und bei jedem Wetter. Ein ausführlicher Info-Teil am Ende jedes Kapitels gibt u. a. Auskunft über Anfahrtswege, Öffnungszeiten, Einkehr-, Grill- und Spielmöglichkeiten sowie Anreisemöglichkeiten mit öffentlichen Verkehrsmitteln.

ISBN 3-87230-586-7 · EUR 12,80